Camilla Miná

Cartas da Luz

Cartas da Luz

Um Diário do Pós-Vida

Cartas enviadas do Mundo da Luz, escritas pela mão de Elsa Barker

Com um Prefácio e Posfácio de Kathy Hart

Tradução:
ADAIL UBIRAJARA SOBRAL
MARIA STELA GONÇALVES

EDITORA CULTRIX
São Paulo

Título do original:
Letters from the Light
An Afterlife Journal from the Self-Lighted World

Edição	Ano
1-2-3-4-5-6-7-8-9	98-99-00

Direitos de tradução para o Brasil
adquiridos com exclusividade pela
EDITORA CULTRIX LTDA.
Rua Dr. Mário Vicente, 374 – 04270-000 – São Paulo, SP
Fone: 272-1399 – Fax: 272-4770
E-MAIL: pensamento@snet.com.br
http://www.pensamento-cultrix.com.br
que se reserva a propriedade literária desta tradução.

Impresso em nossas oficinas gráficas.

A republicação destas cartas
é dedicada a todos os que
estão prontos a fruir a liberdade
e o potencial ilimitado da vida eterna.

Sumário

Prefácio 9
Introdução 13

1. O Retorno 19
2. Nao Conte a Ninguém 20
3. Uma Nuvem no Espelho 22
4. A Promessa de Coisas Não Ditas 24
5. A Magia da Vontade 26
6. Uma Luz Atrás do Véu 28
7. O Férreo Grilhão da Matéria 30
8. Onde as Almas Sobem e Descem 32
9. Um "Rendez-Vous" na Quarta Dimensão 34
10. O Menino — Lionel 38
11. O Mundo dos Padrões 42
12. Formas Reais e Irreais 45
13. Um Fólio de Paracelso 48
14. Uma Toga Romana 50
15. Uma Coisa a Ser Esquecida 54
16. A Segunda Esposa 60
17. Infernos Individuais 65
18. Uma Pequena Casa no Céu 67
19. O Homem que Encontrou Deus 73
20. O Lazer da Alma 78
21. A Serpente da Eternidade 83
22. Resposta a Acusações 89

23. Passar o Tempo 93
24. Um Mundo sem Sombras 95
25. Círculos na Areia 99
26. O Anel Mágico 104
27. A Não Ser que Sejamos como Criancinhas 109
28. Uma Advertência Inesperada 114
29. A Sílfide e o Mágico 118
30. Um Problema de Matemática Celestial 125
31. Uma Mudança de Foco 131
32. Cinco Resoluções 136
33. A Partida de Lionel 140
34. O Ser Formoso 147
35. A Esfera Oca 152
36. Uma Xícara de Porcelana Chinesa Vazia 156
37. Onde Não Existe o Tempo 162
38. A Doutrina da Morte 168
39. A Hierarquia Celeste 176
40. A Maravilha do Invisível 180
41. Uma Vítima do Inexistente 187
42. Uma Nuvem de Testemunhas 194
43. O Reino Interior 200
44. O Jogo do Faz-de-Conta 202
45. Herdeiros de Hermes 205
46. Apenas uma Canção 210
47. Presentes Invisíveis no Natal 213
48. A Terra dos Grandes Sonhos 219
49. Um Sermão e uma Promessa 225
50. O Abril do Mundo 231
51. Um Viúvo Feliz 234
52. Os Arquivos da Alma 240
53. Fórmula para a Maestria 243

Posfácio 247

PREFÁCIO

Alguns livros preciosos transformaram a minha vida. Poucos o fizeram mais profundamente do que este.

Como acontece com tanta freqüência com informações valiosas, o livro veio a mim quando eu mais precisava lê-lo. Na época, eu estava perto de fazer 40 anos e passava por um período de desilusão que me abatia emocional e fisicamente. Uma querida amiga, Laura Riley, penalizada com a minha situação, emprestou-me o livro numa ocasião particularmente difícil. Dou a ela e ao autor o crédito de terem alterado significativamente o curso da minha vida.

Para começar, o relato de como o livro chegou a mim é tão estranho quanto a maneira como ele veio a ser escrito. Phil Ginolfi tinha 17 anos em 1965, quando encontrou o livro num prédio vitoriano então transformado em loja de livros usados em Stamford, Connecticut. "O livro me causou um grande impacto", disse-me Phil. "Ele se tornou um dos meus mais valorizados pertences." Então, em 1972, quando Phil morava em Darian, um velho amigo de Miami que o visitava pediu-lhe o livro emprestado. "Eu estava relutante em separar-me dele, mas, como se tratava de um amigo antigo e confiável, não podia me recusar a fazer isso." O amigo levou o livro para Miami. Três meses depois, o carro dele foi roubado, e o livro estava no porta-luvas.

Quatro anos depois, Phil estava passando de carro por Northhampton, Massachusetts, quando notou um prédio vitoriano com uma loja de livros usados. "Ele causava a mesma impressão que tive com a livraria de Stamford", explicou Phil, "e por isso resolvi entrar. Passei pela porta e percorri o corredor. Não parei para perguntar aonde ir; só percorri o corredor, entrei numa pequena sala escura a um canto, estendi o braço e peguei um livro. Era o mesmo exemplar das *Cartas* que fora roubado em Miami havia quatro anos."

Isso foi em 1976. "Eu sabia que fora guiado a fim de recuperar o livro, mas não compreendia por quê", prosseguiu ele. "Vários anos depois, mudei-me para a Califórnia, onde conheci uma mulher chamada Laura Riley. Ela acabou lendo o livro e depois me perguntou se podia emprestá-lo a uma amiga — você. Depois que você leu o livro e me disse que desejava republicá-lo, descobri por que eu o encontrara — duas vezes — e por que eu me apegara a ele por todos aqueles anos."

Phil tinha 17 anos quando leu a primeira vez as *Cartas*. Eu tinha quase 40. Eu não acreditava em reencarnação; eu não acreditava em Deus nem em nenhum tipo de inteligência superior; e, apesar dos meus protestos em contrário, tinha um medo profundo da morte. Por certo eu não acreditava que os mortos pudessem falar por meio dos vivos.

O que considero mais notável nestas *Cartas* é que não se tem de acreditar em canalização para apreciar a sabedoria tão eloqüentemente exposta pelo autor — quem quer que ele ou ela possa ser. Sejam as palavras de um juiz falecido falando por meio de Elsa Barker, venham do subconsciente desta última ou de outra fonte totalmente diferente, as *Cartas* proporcionam uma perspectiva iluminadora acerca da morte *e* da vida que tanto mitiga nossos medos de morrer como nos impele a viver em plenitude.

Imediatamente depois de ler o livro, eu sabia duas coisas: eu queria que todos os meus conhecidos o lessem e queria um exemplar para mim. Esta segunda ambição, dei-me conta, não seria fácil de realizar. As *Cartas* tinham sido publicadas originariamente em 1914; o livro com certeza estava esgotado havia muito tempo. Escrevi para uma empresa especializada na descoberta de livros esgotados de Nova Jersey. Seis meses depois, eles me escreveram para dizer que tinham encontrado um exemplar.

Contudo, quando esse exemplar chegou, vi que o livro não era o que eu pedira, mas uma seqüência. No segundo volume das *Cartas*, publicado em 1915, o correspondente falecido, a que só se faziam referências no volume original com a letra "X", é identificado, havendo a inclusão de uma fotografia do Meritíssimo Juiz David Patterson Hatch. (Consulte o Posfácio nas páginas 247-52 para ver as fotografias e as informações biográficas do Juiz Hatch e de Elsa Barker.)

Nos anos seguintes, fiz várias tentativas de encontrar um editor para as cartas, sem sucesso. Então, em 1987, conheci Michael MacMacha e tive minha primeira experiência com um "canal" vivo. Michael deu voz a uma *grande dame* espiritual chamada Evangeline, cujos sábios conselhos sobre muitos assuntos me deixaram forte impressão. Resolvi ter uma consulta particular com Michael/Evangeline, para perguntar sobre a reedição das *Cartas*. A resposta de Evangeline foi direta:

"Eu conheço esse livro", disse ela. "Ele é muito importante e deveria ser publicado de novo. E você será a pessoa que vai fazer isso. Mas este não é o momento. Há muitos livros canalizados saindo agora e nem todos são genuínos. Espere um pouco. Você saberá o momento certo, porque tudo vai acontecer sem problemas."

Eu estava com o meu amigo e mestre Arnold Patent na

convenção dos editores americanos em Los Angeles, no mês de maio de 1994, quando conheci Cynthia Black e Richard Cohn, proprietários da Beyond Words Publishing. Quando eles concordaram em republicar os livros de Arnold, perguntei-lhes se eles teriam interesse nas *Cartas*. Depois de ler o livro, eles concordaram, e o processo de reedição desde então transcorreu sem novidades.

Exceção feita ao título, o livro continua essencialmente o mesmo da edição original de 1914. Usei a grafia americana em lugar da britânica; omiti uma pequena carta no começo cujo assunto era explicado de modo mais claro e elaborado numa carta posterior; eliminei várias passagens breves que me pareciam entravar a fluência do texto; e modifiquei algumas palavras cuja conotação remete hoje a coisas ligeiramente diferentes daquilo que implicavam há mais de oitenta anos. Como sou revisora profissional há muitos anos, confio que teria a aprovação do Juiz Hatch e de Elsa Barker na realização dessas pequenas modificações.

Meu objetivo ao republicar estas *Cartas* reflete-se perfeitamente na introdução ao livro feita pela sra. Barker. Diz ela: "O efeito destas cartas sobre mim, pessoalmente, foi acabar totalmente com o medo da morte que eu pudesse ter tido algum dia, fortalecer a minha crença na imortalidade, tornar a vida de além-túmulo tão real e vital quanto a vida que temos sob o sol. Se elas puderem proporcionar a pelo menos uma pessoa a alegria do sentido de imortalidade que me deram, sentir-me-ei recompensada pelo meu trabalho."

Este livro é, de fato, um tesouro. Alimento a sincera esperança de que você o aprecie.

Kathy Hart
San Francisco, 1995

INTRODUÇÃO

Certa noite do ano passado, em Paris, senti-me fortemente impelida a tomar de um lápis e escrever, embora não tivesse idéia sobre o quê. Cedendo ao impulso, minha mão viu-se controlada como se de fora, e uma notável mensagem de natureza pessoal veio à luz, seguida da assinatura "X".

O propósito da mensagem era claro, mas a assinatura deixou-me intrigada.

No dia seguinte, mostrei a uma amiga esse escrito, perguntando-lhe se tinha alguma idéia de quem era "X".

"Ora", replicou ela, "você não sabe que é assim que chamamos sempre o Sr. — ?"

Eu não sabia.

Bem, o Sr. — estava a nove mil quilômetros de Paris e, de acordo com a nossa suposição, na terra dos vivos. Porém, um ou dois dias mais tarde, chegou a mim, vinda da América, uma carta dizendo que o Sr. — falecera no oeste dos Estados Unidos alguns dias antes de eu receber em Paris a mensagem automática assinada "X".

Pelo que sei, fui a primeira pessoa na Europa a ser informada de sua morte e chamei imediatamente minha amiga para dizer-lhe que "X" falecera. Ela não pareceu surpresa e me disse que se sentira certa disso alguns dias antes quando eu lhe mostrara a carta de "X", embora ela não o tivesse dito então.

Como é natural, esse incidente extraordinário deixou em mim viva impressão.

Algum tempo depois de receber a carta da América afirmando que o Sr. — havia falecido, eu estava sentada certa tarde com a amiga que me dissera quem era "X" e ela me perguntou se eu não lhe permitiria escrever novamente — caso ele pudesse.

Consenti, mais para agradar a minha amiga do que por ter algum interesse pessoal, e a mensagem que começava com "Estou aqui, não se engane" foi escrita por meio da minha mão. Ela veio com rupturas e pausas entre as sentenças, com letras grandes e malformadas, porém de maneira totalmente automática, como na primeira ocasião. A força usada agora foi tal que a minha mão e o meu braço direitos ficaram imprestáveis no dia seguinte.

Nas semanas seguintes, várias cartas com a assinatura "X" foram escritas automaticamente; porém, em vez de ficar entusiasmada, vi-me rejeitando fortemente essa maneira de escrever, e só fui persuadida a continuar quando a minha amiga usou o argumento de que, se "X" de fato queria comunicar-se com o mundo, era grande o meu privilégio de poder ajudá-lo.

"X" não era uma pessoa comum. Tratava-se de um bem conhecido advogado de quase 70 anos de idade, que fizera profundos estudos de filosofia e escrevera livros, homem cujos ideais puros e cujo entusiasmo eram uma inspiração para todos os que o conheciam. Sua casa ficava afastada da minha, eu só o vira a longos intervalos. Pelo que me lembro, jamais havíamos discutido sobre a questão da consciência *post mortem.*

Aos poucos, à medida que venci meu forte preconceito contra a escrita automática, comecei a interessar-me pelas coisas que "X" me dissera acerca da vida de além-túmulo. Como eu não lera praticamente nada sobre o assunto, nem sequer as populares *Cartas de Júlia*, não havia em mim idéias preconcebidas.

As mensagens continuaram a vir. Passado algum tempo, a mão e o braço não eram mais afetados, e a forma da escrita tornou-se menos irregular, se bem que nunca muito legível.

Por certo período, as cartas eram escritas na presença da minha amiga; então, "X" começou a vir sempre quando eu estava sozinha. Ele escrevia em Paris ou em Londres, enquanto eu prosseguia me deslocando entre essas duas cidades. Às vezes, ele aparecia várias vezes por semana; do mesmo modo, podia-se passar quase um mês sem que eu sentisse a sua presença. Nunca o chamei, nem pensava muito nele nos intervalos entre suas visitas. Na maior parte do tempo, minha pena e meus pensamentos se ocupavam de outros assuntos.

Nos períodos em que escrevia estas cartas, eu em geral ficava num estado de semiconsciência; desse modo, até ler mais tarde a mensagem por inteiro, eu tinha apenas uma vaga idéia do seu conteúdo. Nuns poucos casos, eu me via tão próxima da inconsciência que, ao pôr o lápis sobre o papel, não tinha a mais remota idéia do que escrevera; isso, porém, não era muito freqüente.

Quando se sugeriu pela primeira vez que se publicassem as cartas com uma introdução minha, a idéia não me entusiasmou muito. Por ser autora de vários livros, mais ou menos bem conhecidos, eu tinha lá a minha vaidadezinha com respeito à estabilidade da minha reputação literária. Eu não desejava ser conhecida como excêntrica, "tresloucada". Mas consenti em escrever uma introdução dizendo que as cartas foram escritas automaticamente na minha presença, o que teria sido a verdade, se bem que não toda a verdade. Isso satisfez minha amiga; não obstante, com o passar do tempo, não me satisfez. Parecia-me algo não muito sincero.

Examinei a questão. Pensei que se eu publicasse essas cartas sem uma introdução minha, tomá-las-iam por obra de ficção, de imaginação, e as notáveis afirmações nelas contidas perderiam com isso toda a sua força como argumentos convincentes em favor da realidade de uma vida futura. Se eu escrevesse uma introdução declarando terem sido elas supostamente escritas automaticamente na minha presença, surgiria, como é natural, a questão sobre que mãos as trouxeram à luz, e ver-me-ia forçada a me valer de evasivas. Mas se reconhecesse francamente que foram minhas as mãos que as escreveram, e relatasse os fatos exatamente como se deram, haveria apenas duas hipóteses possíveis: em primeiro lugar, que elas seriam comunicações genuínas de uma entidade desencarnada; em segundo, que seriam elucubrações da minha mente subconsciente. Mas esta última hipótese não explica a primeira carta assinada "X" que veio antes de eu saber que o meu amigo estava morto; não explica, a não ser que se suponha que a mente subconsciente de cada pessoa sabe tudo. Nesse caso, por que deveria a minha mente subconsciente dedicar-se a um trabalho longo e laborioso para me enganar, a partir de uma premissa que *não lhe fora sugerida* pela minha mente objetiva nem pela de nenhuma outra pessoa?

A possibilidade de que alguém me acusasse de engano deliberado e de fantasiar uma questão tão séria não parecia então, nem parece agora, provável, visto que a minha fantasia tinha outros canais, legítimos, na poesia e na ficção.

As cartas provavelmente já tinham chegado a dois terços antes de essa questão ser resolvida; e resolvi que, se viesse a publicá-las, eu o faria com uma introdução franca, relatando as exatas circunstâncias em que as recebera.

A escrita real ocorreu num período de mais de onze meses. Veio à luz, então, a questão da edição. O que eu deveria omitir? O que deveria incluir? Determinei-me a só deixar de fora referências pessoais aos assuntos particulares de "X", aos meus e aos de seus amigos. Não acrescentei nada. Por vezes, quando o estilo literário de "X" apresentava dificuldades, eu refazia uma frase ou eliminava uma redundância; mas permiti-me muito menos liberdade do que costumava, como editora, fazê-lo com originais comuns que me eram submetidos para correção.

Às vezes, "X" é bastante coloquial. Em outras ocasiões, usa fraseologia legal ou gíria americana. É comum que pule de um assunto a outro, tal como se faz na correspondência com amigos, voltando ao seu assunto original sem uma frase que estabeleça a continuidade.

Ele fez algumas afirmações sobre a vida futura as quais se opõem diretamente às opiniões que sempre tive. Essas afirmações permanecem tais como foram escritas. Muitas de suas proposições filosóficas eram sobremodo novas para mim. Vezes houve em que só percebi sua profundidade meses depois.

Não tenho desculpas a pedir pela publicação destas cartas. Elas provavelmente são um documento interessante, qualquer que possa ser a sua fonte, e entrego-as ao mundo sem mais medo do que o que tive quando deixei que "X" escrevesse por meio da minha mão.

Se alguém perguntar o que penso sobre a questão de se estas cartas são comunicações genuínas vindas do mundo invisível, digo que creio que são. Nas partes pessoais e suprimidas, eram feitas constantes referências a eventos passados e a propriedades de que eu não tinha conhecimento, e essas referências foram verificadas. Isso deixa incólume a teoria telepática favorita dos psicólogos. Mas se estas cartas me foram transmitidas por telepatia, quem o fez? Não a minha amiga, que estava presente quando muitas delas foram escritas, visto que o seu conteúdo foi para ela tão surpreendente quanto para mim.

Quero todavia declarar que não defendo o caráter científico deste livro, pois a ciência requer testes e provas. Salvo a primeira carta assinada "X" antes de eu saber que o Sr. — estava morto, ou quem era "X", o livro não foi escrito sob "condições de teste", na acepção que dão à expressão os psicólogos. Como evidência da sobrevivência de uma alma depois da morte do corpo, o livro tem de ser aceito ou rejeitado por cada pessoa nos termos de seu temperamento, de sua experiência e de sua convicção interior quanto à verdade do que nele está contido.

Na ausência de "X" e sem alguma outra entidade do lado invisível da Natureza na qual eu tivesse um grau comparável de confiança, não me seria possível produzir outro documento desta espécie. Contra a mediunidade indiscriminada ainda tenho um forte e inerradicável preconceito, visto que reconheço seus perigos tanto de obsessão como de ilusão. Mas apesar da minha fé em "X" e a fé de minha amiga de Paris em mim, este livro poderia nunca ter sido escrito. A dúvida acerca do autor invisível ou do médium visível provavelmente teria paralisado os dois, no que toca aos propósitos deste escrito.

O efeito destas cartas sobre mim, pessoalmente, foi acabar totalmente com o medo da morte que eu pudesse ter tido algum dia, fortalecer a minha crença na imortalidade, tornar a vida de além-túmulo tão real e vital quanto a vida aqui ao sol. Se elas puderem proporcionar ao menos a uma outra pessoa o sentido de imortalidade exultante que me deram, sentir-me-ei recompensada pelo meu trabalho.

Àqueles que possam sentir-se inclinados a me culpar por ter publicado semelhante livro, só posso dizer que sempre tentei dar ao mundo o melhor de mim e talvez estas cartas sejam uma das melhores coisas que eu tenha para dar.

Elsa Barker

Londres, 1913

Carta 1

O RETORNO

Eu estou aqui, não tenha dúvida.

Fui eu quem falou antes, e agora falo novamente.

Tive uma experiência maravilhosa. Boa parte daquilo de que me esquecera, agora posso lembrar. O que sucedeu foi para o melhor; era inevitável.

Posso vê-la, se bem que não com muita nitidez.

Não encontrei praticamente nenhuma escuridão. A luz aqui é prodigiosa, bem mais prodigiosa do que a luz solar do sul.

Não, ainda não posso ver muito bem o meu caminho por Paris; tudo está diferente. É provavelmente em razão de sua própria vitalidade que sou capaz de vê-la neste momento.

Carta 2

NÃO CONTE A NINGUÉM

Estou agora no lado oposto a você no espaço real; isto é, estou diretamente à sua frente, descansando sobre algo que provavelmente é um sofá ou divã.

É mais fácil vir a você depois que escurece.

Lembrei-me ao sair de que você poderia ser capaz de me deixar falar por meio de sua mão.

Já estou mais forte. Não há nada a temer — nesta mudança de condição.

Não posso lhe dizer ainda por quanto tempo fiquei em silêncio. Não me pareceu muito tempo.

Fui eu que assinei "X". O Instrutor me ajudou a levar a cabo a ligação.

É melhor que você não conte a ninguém por algum tempo — exceto que eu vim, pois não quero que surjam obstruções à minha vinda quando e onde eu quiser. Empreste-me sua mão algumas vezes; dela não farei mau uso.

Ficarei aqui fora até estar pronto para voltar com força. Espere por mim, mas não já.

As coisas me parecem mais fáceis agora do que me pareceram por um longo tempo. Sinto menos peso. Eu poderia ter permanecido mais tempo no corpo, mas não parecia valer a pena.

Vi o Instrutor. Ele está perto de mim. Sua atitude para comigo é deveras tranqüilizadora.

Mas eu gostaria de ir agora. Boa-noite.

Carta 3

UMA NUVEM NO ESPELHO

Quando você responder ao meu chamado, apague da mente tudo o que nela houver, tal como a criança apaga a sua lousa quando está pronta para anotar uma nova máxima ou exemplo dados pelo professor. O menor pensamento ou devaneio pessoais seus podem ser como uma nuvem no espelho, embaçando o reflexo.

Você pode receber cartas desse modo, contanto que a sua mente não comece a funcionar independentemente, a questionar durante o processo de escrever. Quando isso ocorre, você de súbito se torna positiva em vez de negativa, como se o instrumento receptor do telégrafo começasse a enviar sua própria mensagem.

Houve uma noite em que a chamei, e você não me deixou entrar. Isso foi gentil da sua parte?

Mas não a estou reprovando. Virei repetidas vezes, até que o meu trabalho se complete.

Virei a você em sonho dentro de pouco tempo e lhe mostrarei muitas coisas.

Carta 4

A PROMESSA DE COISAS NÃO DITAS

Depois de algum tempo, vou partilhar com você certos conhecimentos que adquiri desde que saí. Aprendi neste lugar a razão de muitos fenômenos psíquicos que antes me intrigavam.

Vejo o passado agora como se por uma janela aberta. Vejo o caminho pelo qual cheguei e posso traçar um mapa do caminho pelo qual pretendo ir.

Tudo parece fácil agora. Posso trabalhar duas vezes mais — sinto-me bastante forte.

Até este momento, ainda não me assentei em parte alguma, e vou para onde a fantasia me leva; isso é algo com que sempre sonhei enquanto me achava no corpo, sem poder realizar.

Não tenha medo da morte; mas fique na terra o máximo que puder. Apesar da companhia que aqui tenho, por vezes lamento o meu fracasso em continuar no mundo. Mas os arrependimentos têm menos peso deste lado — tal como nosso corpo.

Tudo está bem comigo.

Vou dizer-lhe coisas que nunca foram ditas.

Carta 5

A MAGIA DA VONTADE

Você ainda não aprendeu o pleno mistério da *vontade*. Posso fazer de você o que você quiser, nos limites da energia da sua unidade, porque tudo está em atividade ou em latência na unidade de força que é o homem.

A diferença entre um pintor e um músico, ou entre um poeta e um romancista, não é uma diferença de qualidades da entidade em si; porque cada unidade contém tudo *exceto quantidade*, e por isso tem as possibilidades de desenvolver-se ao longo de qualquer linha escolhida pela sua vontade. A escolha pode ter sido feita eras atrás. É necessário um longo tempo, muitas vezes um grande número de vidas, para desenvolver uma arte ou uma faculdade para um tipo particular de trabalho preferencialmente a todos os outros. Aqui, como alhures, a concentração é o segredo da força.

Quanto ao uso da força nos seus problemas cotidianos atuais, há dois modos de usar a vontade. Um deles pode concentrar-se num plano definido e realizá-lo ou não, de acordo com a força que estiver à disposição da pessoa; ou é possível querer que o plano melhor, mais elevado e mais sábio, seja demonstrado pelas forças subconscientes no eu ou em outros eus. Este último é um domínio de todo o ambiente com um propósito especial, em vez do domínio ou da tentativa de dominar uma parte dessa esfera.

Nesta comunhão entre os mundos exterior e interior, vocês, que estão no mundo exterior, têm a propensão de pensar que nós, no nosso, sabemos tudo. Vocês esperam que profetizemos como adivinhos e que os mantenhamos informados do que está se passando do outro lado do globo. Às vezes, podemos fazê-lo; mas de modo geral isso não está ao nosso alcance.

Daqui a algum tempo, poderei ser capaz de entrar na sua mente como o faz um Instrutor e conhecer todos os pensamentos e planos antecedentes que existem nela; porém, agora eu nem sempre posso fazê-lo.

Estou aprendendo o tempo todo. O Instrutor é deveras ativo em me prestar ajuda.

Quando eu estiver absolutamente certo do meu controle sobre a sua mão, terei muito a dizer acerca da vida aqui fora.

Carta 6

UMA LUZ ATRÁS DO VÉU

De vez em quando, descerre para mim o véu de matéria densa que a afasta dos meus olhos. Eu a vejo com freqüência como um ponto de vívida luz, e isso acontece provavelmente quando a sua alma reflete a atividade dos seus sentimentos e da sua mente, esta aguçada pelos pensamentos.

Posso ler ocasionalmente seus pensamentos, mas nem sempre. É comum que eu tente me aproximar e não possa encontrá-la. Você talvez nem sempre pudesse me encontrar se estivesse aqui onde estou.

Por vezes, estou totalmente sozinho; em outras ocasiões, estou acompanhado.

É estranho, mas tenho a impressão de possuir agora um corpo sobremodo substancial, se bem que de princípio meus braços e pernas pareciam estender-se em todas as direções.

De modo geral, já não ando como antes, nem vôo propriamente, pois nunca tive asas; mas consigo mover-me pelo espaço com incrível rapidez. Em alguns momentos, contudo, caminho.

Agora, eu gostaria que você me fizesse um favor. Você sabe como é difícil na maioria das vezes o meu esforço por manter o andamento das coisas, mas eu consigo fazer isso. Não fique desanimada em razão dos recursos materiais para o seu trabalho. Dê seguimento a ele, como se os meios estivessem à disposição, e eles estarão. Você pode demonstrar isso de uma ou de outra maneira. Não se sinta fraca nem indecisa, porque, quando faz isso, você me atrai de volta à terra por força da simpatia. Isso é tão ruim quanto prantear os mortos.

Carta 7

O FÉRREO GRILHÃO DA MATÉRIA

A um homem que mora no "invisível" ocorre uma súbita lembrança da terra.

"Oh!", diz ele. "O mundo continua a girar sem mim. O que estarei perdendo?"

Ao homem parece quase uma impertinência por parte do mundo o fato de este continuar girando sem ele. O homem fica agitado. Tem certeza de que foi deixado para trás, expulso, abandonado.

Ele olha ao redor e vê apenas os campos tranqüilos da quarta dimensão. Oh, ter o aperto férreo da matéria mais uma vez! Segurar algo em mãos concretas!

Talvez esse estado de espírito passe, mas um dia ele volta com força redobrada. O homem tem de deixar o ambiente tênue e entrar no mundo forçosamente resistente da matéria densa. Mas, como?

Ah!, recorda-se ele. Toda ação vem da memória. Isso seria uma experiência temerária se ele já não o tivesse feito antes.

Ele fecha os olhos, revertendo sua presença no invisível. É atraído para a vida humana, para seres humanos, na intensa vibração da união. Há simpatia ali — talvez a simpatia da experiência passada com as almas daqueles com quem ele agora entra em contato, talvez apenas a simpatia do estado de espírito ou da imaginação. Seja o que for, ele abandona seu apego à liberdade e, triunfantemente, perde-se a si mesmo na vida dos seres humanos.

Passado algum tempo, ele desperta e procura com olhos de perplexidade os campos verdes e as faces redondas e palpáveis de homens e mulheres. Por vezes, chora, e quer voltar. Se se sentir desanimado, pode voltar — apenas para começar a desgastante busca da matéria outra vez.

Se for forte e obstinado, ele permanece e se torna um homem. Pode até mesmo persuadir-se de que a vida anterior na substância tênue era só um sonho, pois no sonho retorna a ela, e o sonho o assombra e lhe furta sua fruição da matéria.

Passados anos suficientes, ele começa a se cansar da batalha material; sua energia se exaure. Ele mergulha de volta nos braços do invisível, e os homens dizem outra vez, em voz baixa, que ele está morto.

Mas ele não está morto. Apenas voltou ao lugar de onde veio.

Carta 8

ONDE AS ALMAS SOBEM E DESCEM

Minha amiga, nada há a temer na morte. Ela não é mais difícil do que uma viagem a um país estrangeiro — a primeira viagem — para a pessoa de uma certa idade que já consolidou os hábitos do seu canto mais ou menos limitado do mundo.

Quando um homem chega aqui, os estranhos que encontra não parecem mais estranhos do que os estrangeiros à pessoa que se acha pela primeira vez entre eles. Ele nem sempre os compreende; aqui, mais uma vez, sua experiência é como a estada num país estrangeiro. Então, passado algum tempo, ele começa a fazer contatos amigáveis e a sorrir com os olhos. A pergunta "De onde você é?" recebe uma resposta semelhante à que lhe damos na terra. Um é da Califórnia, outro de Boston, outro ainda de Londres. Isso acontece quando nos encontramos nas auto-estradas de viagem; porque aqui há pistas para as viagens, pelas quais as almas sobem e descem como na terra. Uma tal estrada é de modo geral a ligação mais direta entre dois grandes centros; mas nunca segue a linha de uma estrada de ferro. Pode haver demasiado barulho. Podemos ouvir sons produzidos na terra. Há um certo choque no ouvido etérico que traz a vibração do som até nós.

Às vezes, nos instalamos por um longo tempo num dado lugar. Visitei uma velha casa no Estado do Maine em que um homem deste lado da vida estava há não sei quantos anos. Ele me disse que as crianças já se haviam tornado homens e mulheres, e que um potro a que ele se apegara quando de sua saída já se tornara um cavalo e morrera de velhice.

Aqui, como acontece entre vocês, há pessoas preguiçosas e enfadonhas. Há também pessoas brilhantes e carismáticas cuja simples presença é rejuvenescedora.

Parece quase absurdo dizer que usamos roupas tal como vocês o fazem; mas parecemos não precisar de tantas. Não vi calças; mas estou aqui há apenas pouco tempo.

Agora, o calor e o frio não importam muito para mim, embora eu me lembre de que no início senti grande incômodo em razão do frio. Mas isso é coisa do passado.

Carta 9

UM "RENDEZ-VOUS" NA QUARTA DIMENSÃO

Você pode fazer tanto por mim, ao me emprestar de vez em quando a sua mão, que fico a imaginar por que você reluta em fazê-lo.

Essa filosofia continuará a ser ensinada no mundo e em todo o mundo. Só uns poucos, talvez, alcançarão suas profundezas nesta vida; mas uma semente lançada ao solo agora poderá gerar frutos muito tempo depois. Li em algum lugar que grãos de trigo que foram enterrados com as múmias há dois ou três mil anos brotaram quando colocados em terra fértil em nossos dias. O mesmo se passa com uma semente filosófica.

Tem-se afirmado que é tolo aquele que trabalha pela filosofia em vez de fazer com que ela trabalhe por ele; contudo, um homem não pode dar ao mundo sequer uma pequena parcela de uma filosofia verdadeira sem colher sete vezes mais, e você conhece a citação bíblica que termina com "e no mundo por vir, a vida eterna". Para receber, é preciso dar. Esta é a Lei.

Posso lhe dizer sobre a vida aqui muitas coisas que poderão ser úteis a outras pessoas quando fizerem a grande mudança. Quase todos trazem consigo a memória. Os homens e mulheres que conheci e com quem me relacionei tinham lembranças mais ou menos vívidas de sua vida na terra — quer dizer, a maioria deles.

Conheci um homem que se recusava a falar da terra e falava sempre sobre "seguir em frente". Alertei-o para o fato de que, se seguisse sempre em frente, ele voltaria ao lugar de onde partira.

Vocês talvez tenham curiosidade em saber o que comemos e bebemos, se é que fazemos isso. Nós por certo somos alimentados e parece que absorvemos muita água. Vocês também devem beber bastante água. Ela alimenta o corpo astral. Não creio que um corpo muito seco tenha algum dia suficiente vitalidade astral para ajudar uma alma deste plano de vida, como você o faz agora. Talvez seja esta uma das razões por que o contato com um chamado espírito por vezes dá a pessoas de sangue quente uma sensação de frio, fazendo com que tremam.

Também é uma espécie de esforço da minha parte escrever assim, mas parece valer a pena.

Dirijo-me ao lugar em que sinto que você está. Posso vê-la melhor do que a maioria das pessoas. Então, faço a reversão; isto é, em vez de entrar, como costumava, saio com grande força e na sua direção. Tomo posse de você por meio de um forte esforço de propulsão.

Às vezes, a escrita pode ser interrompida de súbito no meio de uma frase. Isso acontece quando não estou com a concentração adequada. Você pode ter percebido, quando se afasta do mundo exterior, que um súbito ruído ou quem sabe uma divagação a devolvem a ele outra vez. É justamente isso que acontece.

Falemos agora do elemento em que vivemos. Ele sem dúvida tem um lugar no espaço, pois circunda toda a terra. Sim, toda árvore visível tem sua contraparte invisível. Quando você, antes de dormir, sai conscientemente para este mundo, vê coisas que existem ou existiram também no mundo material. Não se pode ver neste mundo nada que não tenha uma contraparte física no outro. Existem, é claro, as imagens mentais, representações imaginárias; mas ver imaginativamente não é ver no plano astral — nem em qualquer outro. As coisas que você vê antes de ir dormir têm existência real, e, ao mudar sua freqüência de vibração, você sai para este mundo — ou melhor, volta a ele, pois tem de entrar para poder sair.

A imaginação tem grande força. Se você visualizar algo mentalmente, as vibrações do corpo podem ajustar-se a essa imagem se a vontade for dirigida dessa maneira, assim como acontece nos pensamentos com respeito à saúde ou à doença.

Pode ser bom como experiência, quando você quiser vir para cá, escolher certo símbolo e mantê-lo diante dos olhos. Não digo que isso ajude a mudar a vibração, mas pode fazê-lo.

Eu me pergunto se você poderia me ver, pouco antes de adormecer, caso viesse até aqui com esse pensamento e com esse desejo predominante na mente.

Estou forte hoje, porque fiquei um bom tempo com alguém mais forte; e se você quiser fazer a experiência de tentar me encontrar esta noite, poderei ajudá-la mais do que em qualquer outro momento.

Há tanto a dizer e raras vezes eu posso falar com você. Se você estivesse em outra situação e livre de seus encargos, eu talvez pudesse vir com mais freqüência. Estou aprendendo muita coisa que eu gostaria de lhe transmitir.

Por exemplo, creio que posso mostrar-lhe como vir aqui ao seu bel-prazer, como o fazem de modo constante os Instrutores.

No início, peguei apenas o seu braço para com ele escrever, mas agora controlo mais a organização das idéias. Vi que não estava trabalhando da maneira mais eficiente, que havia certo desperdício às vezes e por isso pedi ao Instrutor instruções sobre o assunto. Com este novo método, você não se sentirá tão cansada depois, nem eu me sentirei assim.

Agora me vou; tentarei encontrá-la em alguns minutos. Se a experiência fracassar, não desanime; tente outra vez em algum outro momento. Você vai me reconhecer bem caso me veja.

Carta 10

O MENINO — LIONEL

Você vai se interessar por saber que há pessoas aqui, tal como na terra, que se dedicam ao bem-estar dos outros.

Há até uma grande organização de almas chamada de Liga. Sua tarefa especial é cuidar dos que acabaram de chegar, ajudando-os a se encontrar e a se adaptar às novas condições. Nessa Liga há homens e mulheres. Eles têm feito um bom serviço. Trabalham num plano não quero dizer um tanto "superior" ao do Exército da Salvação, porém mais intelectualizado. Eles ajudam crianças e adultos.

É interessante a situação das crianças. Ainda não tive tempo de observar eu mesmo todas essas coisas; mas um dos obreiros da Liga me diz que é mais fácil para as crianças do que para os adultos a adaptação pessoal à nova vida. As pessoas mais idosas mostram-se inclinadas a dormir bastante, ao passo que as crianças chegam com grande energia, trazendo com elas a mesma curiosidade que tinham na vida terrena. Não há mudanças bruscas. Os pequenos crescem, dizem, tão gradual e imperceptivelmente quanto cresceriam na terra. A tendência é seguir o ritmo normal, embora haja casos em que a alma logo retorna, com pouco descanso. São almas dotadas de grande curiosidade e fortes desejos.

As crianças são encantadoras! Há um menino que sempre está comigo; ele me chama de Pai e parece gostar da minha companhia. Deve ter, creio eu, uns treze anos, e está aqui há algum tempo. Não consegue me dizer quanto exatamente; mas vou lhe perguntar se se lembra do ano, do ano do calendário, em que chegou.

Não é verdade que não possamos manter em segredo os nossos pensamentos se tivermos o cuidado de fazê-lo. Podemos guardar nossos segredos se soubermos como. Fazemos isso por sugestão ou pelo uso de determinadas fórmulas. É no entanto bem mais fácil aqui do que na terra ler a mente dos outros.

Parecemos nos comunicar uns com os outros mais ou menos como vocês; mas vejo, com o passar do tempo, que converso cada vez mais por meio do pensamento superior, que se projeta, do que pelo movimento dos lábios. De início, sempre abri a boca quando tinha algo a dizer; é mais fácil agora não fazê-lo, embora eu ainda o faça por força do hábito. Um homem recém-chegado só compreende outro se este lhe falar, de fato; isto é, suponho, antes de aprender que também pode falar sem gastar muito fôlego.

Mas eu lhe falava do menino. Ele tem muito interesse com relação a certas coisas que eu lhe contei sobre a terra — em especial os aeroplanos, que ainda não eram muito viáveis quando ele veio. Ele quer voltar e voar num aeroplano. Digo-lhe que ele pode voar aqui sem um, mas isso não parece ser para ele a mesma coisa. Ele quer pôr as mãos no maquinário.

Eu o aconselho a não se apressar a voltar. O curioso é que ele se lembra de vidas anteriores que teve na terra. Muitos aqui não têm mais a lembrança de suas vidas passadas, anteriores à última, do que a tinham enquanto no corpo. Aqui não é um lugar em que todos saibam tudo — longe disso. A maioria das almas é quase tão cega quanto o era em vida.

O menino foi inventor numa encarnação anterior e veio para cá desta vez devido a um acidente, diz ele. Ele deveria ficar aqui um pouco mais, creio eu, a fim de obter um ritmo mais forte para voltar. Isso é apenas idéia minha. É tal o meu interesse pelo menino, que eu gostaria de mantê-lo aqui, o que talvez influencie de alguma forma o meu julgamento.

Como você vê, ainda somos humanos.

Você me fez algumas perguntas, não foi? Você as diria em voz alta? Posso ouvir.

Sim, sinto-me consideravelmente mais novo agora do que há muito tempo, e estou bem. No início, senti-me como me sentia durante a minha doença, com momentos de depressão e momentos de libertação da depressão; mas agora estou bem. Meu corpo não me causa muitos problemas.

Acredito que as pessoas velhas ficam mais jovens aqui até que alcancem outra vez seu apogeu, posição em que podem manter-se por um longo tempo.

Veja bem, não me tornei onisciente. Consegui reunir um bom conhecimento de que me esquecera; porém ainda tenho muito a aprender a respeito de todos os detalhes desta vida.

A sua curiosidade vai me ajudar a estudar as condições e a

fazer pesquisas que de outra maneira eu poderia levar um longo tempo para fazer, se é que o faria. A maioria das pessoas não parece aprender muito aqui, exceto se levarmos em conta que aprendem naturalmente a maneira melhor e mais fácil de seguir em frente, tal como o faziam na vida terrena.

Sim, aqui há escolas nas quais quem quer que deseje instrução pode recebê-la — se preencher as condições. Mas há apenas uns poucos *grandes* professores. O professor médio não é um ser de sabedoria suprema, seja aqui ou aí.

Carta 11

O MUNDO DOS PADRÕES

Há algo naquilo que eu disse outro dia que eu gostaria de esclarecer — a afirmação de que aqui nada há que não tenha existido na terra. Depois disso, descobri que essa afirmação não é exatamente correta. Há estratos aqui. Aprendi isso recentemente. Ainda creio que, no estrato mais inferior perto da terra, tudo ou quase tudo o que existe existiu na terra na matéria densa. Ascendamos um pouco mais — o quanto não posso dizer em termos de medidas reais; mas numa noite, ao fazer minhas explorações, deparei com o mundo dos padrões, dos paradigmas — se é esta a palavra — das coisas que *vão existir* na terra. Vi formas de coisas que, pelo que sei, ainda não existiram em seu planeta — invenções, por exemplo. Vi asas que o homem podia ajustar a si mesmo. Vi também novas formas de máquinas voadoras. Vi cidades-modelo, bem como torres com estranhos prolongamentos que semelham asas, e cujo uso não posso conceber. O progresso da invenção mecânica evidentemente apenas começou.

Em outra ocasião, penetrarei mais nesse mundo de formas padrão e verei se posso saber o que está além dele.

Tenha isto em mente: eu só lhe conto histórias, como o faria um viajante terreno, das coisas que vejo. Às vezes, minha interpretação delas pode estar errada.

Quando eu estava no lugar que chamaremos de o mundo dos padrões, não vi quase ninguém ali — apenas um ocasional viajante solitário como eu mesmo. Deduzo disso, naturalmente, que somente poucos dos que deixam a terra chegam ali. Penso, a partir do que vi e de conversas que tive com almas de homens e de mulheres, que a maioria deles não se afasta muito da terra, mesmo estando aqui.

É estranho, mas muitas pessoas parecem estar no céu ortodoxo regular, cantando enquanto envergam mantos brancos, com coroas na cabeça e harpas na mão. Há uma região que as pessoas de fora chamam de "o país celeste".

Há também, dizem-me, um inferno flamejante, pelo menos com cheiro de enxofre; mas até agora não estive ali. Algum dia em que me sentir forte, irei espreitar e, se não for demasiado deprimente, me aventurarei mais longe — se me permitirem.

No momento, tenho observado coisas aqui e ali, e ainda não estudei com atenção nenhum lugar.

Levei o menino, cujo nome, a propósito, é Lionel, a passear comigo ontem. Talvez devêssemos dizer a noite passada, porque o dia de vocês é a nossa noite quando estamos do seu lado dessa grande esfera oca. Vocês e a terra sólida estão no centro da nossa esfera.

Levei o menino comigo para o que vocês chamariam de passeio.

Primeiramente, fomos ao velho bairro de Paris em que morei numa vida anterior; mas Lionel não podia ver coisa alguma, e quando lhe indiquei certos prédios, ele me perguntou com toda a sinceridade se eu estava sonhando. Devo ter alguma faculdade não desenvolvida generalizadamente entre meus concidadãos do mundo astral. Assim, quando o menino julgou que Paris era só uma projeção da minha imaginação — ele morava em Boston —, levei-o para ver o céu. Ele observou: "Ora, este deve ser o lugar de que minha avó costumava me falar. Mas onde está Deus?"

Isso eu não podia lhe dizer; porém, quando olhamos outra vez, vimos que quase todos dirigiam o olhar para certo lugar. Olhamos com os outros e contemplamos uma grande luz, semelhante a um sol, mas com maior suavidade e menos ofuscante do que o sol material.

"Isso", eu disse ao menino, "é o que vêem aqueles que vêem Deus."

E agora tenho algo estranho a lhe dizer; porque, quando contemplamos aquela luz, foi-se formando pouco a pouco entre nós e ela a figura que costumamos ver representada como a de Cristo. Ele sorria para as pessoas e estendia Suas mãos a elas.

Então, a cena mudou, e Ele tinha no braço esquerdo um cordeiro; e, mais uma vez, Ele se apresentou, como se transfigurado, sobre uma montanha; e falou e ensinou às pessoas. Podíamos ouvir Sua voz. Em seguida Ele desapareceu de nossa vista.

Carta 12

FORMAS REAIS E IRREAIS

Quando cheguei aqui, era tal o meu interesse pelo que via que não questionei muito sobre a maneira de ver; mas, ultimamente — em especial, desde a última ou a penúltima carta — comecei a observar certa diferença entre objetos que, vistos superficialmente, parecem ter mais ou menos a mesma substância. Por exemplo, posso por vezes reparar em certa diferença entre coisas que existiram indubitavelmente na terra, como a forma dos homens e das mulheres e outras coisas que, embora visualizadas e aparentemente palpáveis, podem ser e provavelmente são apenas criações do pensamento.

Essa idéia me ocorreu enquanto eu pensava nos dramas do país celestial, e ela se impôs a mim com grande força enquanto eu fazia outras explorações naquilo que denominei mundo dos padrões.

Mais tarde, poderei distinguir de imediato entre essas duas classes de objetos aparentes. Por exemplo, se encontro aqui um ser, ou o que parece um ser, e se me dizem que se trata de alguma personagem famosa de ficção, como Jean Valjean, de *Os Miseráveis*, de Hugo, tenho razões para crer que vi uma forma-pensamento de vitalidade suficiente para manter-se por si própria como quase-entidade neste mundo de matéria tênue. Até agora, não encontrei nenhum desses tipos.

Naturalmente, a menos que possa manter relações com um ser ou com uma forma, ou se vir outros fazê-lo, não posso afirmar positivamente que essa entidade tenha uma existência essencial. Doravante, deverei testar muitas vezes as coisas da seguinte maneira. Se puder falar com uma aparente entidade e se ela puder me responder, poderei com justiça considerá-la uma realidade. Uma personagem de ficção ou qualquer outra criação da mente, por mais vívidas enquanto representações, não teriam alma, nem unidade de força ou eu real. Tentarei submeter a esse teste tudo o que me surgir como mera representação.

Se vejo uma forma peculiar de árvore ou animal e posso tocá-la e senti-la — porque os sentidos aqui são tão aguçados quanto os da terra —, sei que ela existe na matéria sutil deste plano.

Creio que todos os seres que vi aqui são reais; mas se puder encontrar um que não o seja — um ser que eu não possa sentir quando tocar e que não possa responder às minhas perguntas —, terei dados para a minha hipótese de que as formas-pensamento dos seres, bem como das coisas, podem ter suficiente coesão para parecer reais.

É sem dúvida verdade que não há espírito sem substância, nem substância sem espírito, latentes ou expressos; mas um quadro de um homem pode a distância parecer um homem.

Será que pode haver aqui criações mentais deliberadas, criações intencionais e voltadas para um propósito? Creio que sim. Tal forma-pensamento provavelmente teria de ser muito forte para persistir.

Tenho a impressão de que é melhor eu me contentar com essa conclusão antes de voltar a falar mais sobre ela.

Carta 13

UM FÓLIO DE PARACELSO

Pedi outro dia ao meu Instrutor que me mostrasse os arquivos nos quais aqueles que viveram aqui tinham registrado suas observações, caso isso existisse. Ele disse:

"Você foi um grande leitor de livros quando estava na terra. Venha."

Entramos num grande prédio parecido com uma biblioteca, e retive o fôlego de espanto. O que me causara impressão não foi a arquitetura do prédio, mas a quantidade de livros e registros. Devia haver milhões deles.

Perguntei ao Instrutor se todos os livros estavam ali. Ele sorriu e disse:

"E não há o bastante? Você pode escolher."

Perguntei se os volumes estavam organizados por assunto.

"Há uma organização", respondeu ele. "O que você quer?"

Eu disse que gostaria de ver os livros que registravam os relatos de explorações que outros homens haviam feito neste (para mim) país ainda pouco conhecido.

Ele sorriu outra vez e tirou de uma prateleira um alentado volume. O livro estava impresso em grandes tipos negros.

"Quem escreveu este livro?", perguntei.

"Há uma assinatura", ele replicou.

Olhei no final e vi a assinatura: era a de Paracelso.

"Quando ele escreveu isto?"

"Logo depois de chegar. Foi escrito entre sua vida de Paracelso e sua vida seguinte na terra."

O livro que abri era um tratado sobre os espíritos humanos, angélicos e elementais. Começava com a definição de espírito humano como um espírito que teve a experiência da vida em forma humana; e definia um espírito elemental como um espírito de autoconsciência mais ou menos desenvolvida que ainda não teve essa experiência.

Em seguida, o autor definia o anjo como um espírito de ordem superior que não teve, e provavelmente não terá no futuro, essa experiência na matéria.

Ele prossegue falando aos leitores que existe uma maneira de determinar se um ser do mundo mais sutil é um anjo ou um mero espírito humano ou elemental, a observação do maior brilho da luz que circunda um anjo.

É possível que eu trate mais desse assunto outra noite. Devo descansar agora.

Carta 14

UMA TOGA ROMANA

Uma coisa que torna este país tão interessante para mim é sua falta de convencionalismo. Não há duas pessoas vestidas da mesma maneira — não, não quero dizer exatamente isso, mas muitas se vestem de modo tão excêntrico, que sua aparência transmite certa sensação de variedade ao todo.

Minhas roupas são, de modo geral, semelhantes às que enverguei na terra, se bem que, por experiência, quando fui em pensamento a uma das minhas vidas há muito passadas, pus as vestes do período.

É fácil conseguir as roupas que se quer aqui. Não sei como

cheguei a ter as roupas que usava quando vim para cá; mas quando comecei a me dar conta dessas coisas, vi-me vestido como sempre. Ainda não tenho certeza se trouxe comigo minhas roupas.

Há muitas pessoas aqui com as roupas de tempos antigos. Não deduzo desse fato que elas tenham estado aqui por todo esse tempo. Creio que se vestem assim porque gostam delas.

De modo geral, a maioria das pessoas permanece próxima do lugar em que viveu na terra; mas tenho sido um andarilho desde o início. Posso ir rapidamente de um país para outro. Uma noite (ou, para vocês, um dia) posso descansar na América e, na noite seguinte, em Paris. Passei horas de repouso no divã de sua sala de estar e você não sabia que eu estava ali. Duvido, contudo, que pudesse ficar durante horas em sua casa quando eu mesmo estava desperto sem que você sentisse a minha presença.

Não pense, entretanto, em função do que acabo de dizer, que me seja necessário descansar na matéria sólida do seu mundo. De maneira alguma! Podemos descansar na substância tênue do nosso próprio mundo.

Um dia, pouco depois de eu chegar aqui, vi uma mulher com roupas gregas e perguntei-lhe onde as conseguira. Ela disse que as fizera. Perguntei-lhe como e ela afirmou:

"Bem, primeiro criei um padrão na minha mente; depois a coisa se tornou uma roupa."

"Você deu todos os pontos?"

"Não como teria feito na terra."

Olhei com mais atenção e vi que a roupa toda parecia ser de uma só peça e que estava presa nos ombros por alfinetes adornados por jóias. Perguntei-lhe onde ela os conseguira, e ela disse que um amigo os tinha dado. E perguntei onde o amigo os conseguira. A mulher respondeu que não sabia, mas que perguntaria ao amigo. Logo depois, ela se foi, e não a vi desde então, razão por que a pergunta ainda está sem resposta.

Dei início a uma experiência para ver se também podia fazer coisas. Foi então que tive a idéia de usar uma toga romana, mas, pela vida que eu tive, eu não podia me lembrar como era uma toga romana.

Na vez seguinte em que encontrei o Instrutor, externei-lhe o meu desejo de usar uma toga feita por mim mesmo, e ele me mostrou cuidadosamente de que modo criar roupas como eu desejava: fixar o padrão e a forma na mente, visualizá-la e, então, por meio da força do desejo, desenhar a matéria sutil do mundo de pensamento ao redor do padrão, de modo a criar na realidade a roupa.

"Então", eu disse, "a matéria do mundo de pensamento, como vocês a chamam, não é o mesmo tipo de matéria da do meu corpo, por exemplo?"

"Em última análise", respondeu ele, "há apenas um tipo de matéria nos dois mundos; todavia, há grande diferença em termos de vibração e de densidade."

Ora, a substância-pensamento de que as nossas roupas são feitas parece ser uma forma extremamente tênue de matéria, ao passo que o nosso corpo parece ser bem sólido. Não nos sentimos de maneira alguma como anjos transparentes sentados em nuvens úmidas. Não fosse a rapidez com a qual posso percorrer o espaço, eu por vezes pensaria ser o meu corpo tão sólido quanto antes.

Muitas vezes eu posso vê-la e, aos meus olhos, *você* parece tênue. Tudo se resume, suponho, na velha questão de adaptar-se ao ambiente. De início, eu não podia fazê-lo, e tive alguns problemas para aprender a ajustar a energia necessária a cada ação particular. É tão pouca a energia exigida aqui para que eu me desloque, que, no princípio, quando comecei a percorrer uma curta distância — digamos, uns poucos metros —, eu me via a um quilômetro de distância. Entretanto, agora estou bastante adaptado.

Devo estar acumulando energia aqui para uma vida nada fácil quando eu voltar à terra. A atividade mais difícil que realizo agora é escrever por meio da sua mão, mas você oferece cada vez menos resistência à medida que o tempo passa. No começo, eu precisava de toda a minha força; agora, basta um esforço relativamente pequeno. Não obstante, eu não o poderia fazer por um longo tempo sem usar sua própria vitalidade, coisa que não vou fazer.

Você pode ter percebido que já não fica cansada depois de escrever, o que costumava acontecer nos primeiros tempos.

Mas eu estava falando da falta de convencionalismo aqui. As almas se cumprimentam quando querem, sem muita cerimônia. Vi umas poucas senhoras idosas que tinham receio de falar com estranhos, mas é provável que não estejam aqui há muito tempo e que os hábitos da terra ainda estejam muito vívidos nelas.

Não pense, todavia, que a sociedade aqui seja demasiado livre e fácil. Isso não é verdade, porém os homens e mulheres não parecem ter tanto medo uns dos outros quanto tinham na terra.

Carta 15

UMA COISA A SER ESQUECIDA

Quero dizer algumas palavras para as pessoas que estão prestes a morrer. Quero pedir-lhes que esqueçam do corpo tão logo possam depois da mudança que chamam de morte.

Ah, a terrível curiosidade de voltar e procurar aquela *coisa* que um dia acreditamos ter sido! Ocorre-nos o pensamento, em algumas ocasiões, com tanta força, que age de certo modo contra a nossa vontade e nos atrai de volta para *aquilo*. Em algumas pessoas, trata-se de uma obsessão mórbida, e muitas não poderão libertar-se disso enquanto houver um resquício de carne nos ossos dos quais foram um dia constituídos.

Diga-lhes que se esqueçam do corpo por inteiro, que expulsem da mente esse pensamento, que entrem livres na outra vida. Lembrar o passado por vezes é bom, mas não essa relíquia do passado.

É muito fácil olhar o ataúde, porque o corpo que agora envergamos é ele mesmo uma luz num lugar escuro e pode penetrar a matéria mais densa. Eu próprio voltei algumas vezes, mas estou determinado a não fazê-lo mais. Algum dia, porém, pode me voltar com insistência o pensamento de ver como *ele* está passando.

Não quero chocá-la nem magoá-la — mas apenas fazer uma advertência. É triste ver a cena do momento inevitável de ir para o túmulo. Talvez seja por isso que muitas almas que não estão aqui há muito tempo sejam tão melancólicas. Elas vivem voltando ao lugar que não deveriam visitar.

Você sabe que, aqui, se pensarmos intencionalmente num lugar, podemos ir para lá. O corpo que usamos é tão leve, que pode seguir o pensamento quase sem esforço. Diga-lhes que não façam isso.

Um dia, quando passava por uma avenida cercada de árvores — porque temos árvores aqui —, encontrei uma mulher alta com uma longa roupa preta. Ela chorava — porque também temos lágrimas aqui. Perguntei-lhe por que chorava, e ela fixou em mim olhos de indizível tristeza.

"Eu voltei a *ele*", disse ela.

Tive muita pena dela, pois eu sabia como ela se sentia. O choque da primeira visita se repete a cada vez, à medida que a coisa que se vê é cada vez menos aquilo que gostamos de pensar de nós como seres.

Lembro-me com freqüência da mulher alta de preto que percorria a aléia de árvores e chorava. É em parte a curiosidade que nos faz voltar e, em parte, a atração magnética; mas isso não pode fazer bem. É melhor esquecer.

Em algumas ocasiões, tive ímpetos, por puro interesse científico, de perguntar ao meu menino Lionel se ele já voltara ao seu corpo; mas não o fiz por temer pôr-lhe a idéia na cabeça. Ele tem uma grande e inquieta curiosidade. Talvez aqueles que vêm quando crianças tenham menos desse instinto mórbido do que nós.

Se ao menos pudéssemos lembrar em vida que a forma que dizemos é o nosso eu de modo nenhum representa nosso eu imortal real, não lhe daríamos semelhante importância, se bem que continuaríamos a dedicar-lhe os cuidados necessários.

Não raro os que dizem que estão aqui há muito não parecem velhos. Perguntei ao Instrutor por que e ele disse que, depois de certo tempo, a pessoa velha esquece que é velha, que a tendência é ficar jovem em pensamento e, portanto, jovem na aparência, que o corpo tende a assumir a forma que retemos dele na mente, que a lei do ritmo funciona aqui como alhures.

As crianças crescem aqui; e podem até chegar a uma espécie de velhice caso seja esta a expectativa da mente. Mas a tendência é conservar a plenitude, avançar ou voltar para o melhor período, e manter-se assim até que a atração irresistível da terra volte a afirmar-se.

A maioria dos homens e mulheres daqui não sabe que viveu muitas vidas na carne. Eles se lembram de sua última vida com maior ou menor nitidez, mas tudo antes disso lhes parece um sonho. Devemos sempre conservar a lembrança do passado com a maior clareza possível, pois isso nos ajuda a construir o futuro.

Como ficariam desapontadas as pessoas que julgam sábios

os amigos que morreram se pudessem saber que a vida deste lado é apenas uma extensão da vida na terra! Se os pensamentos e desejos tiverem sido apenas de prazeres materiais, os pensamentos e desejos aqui provavelmente serão os mesmos. Desde que cheguei, encontrei verdadeiros santos; mas foram homens e mulheres que mantiveram na vida terrena o ideal do santo, pessoas que agora estão livres para vivê-lo.

A vida pode ser tão livre aqui! Não há nada das complicações da vida que tornam as pessoas na terra tão escravizadas. Neste nosso mundo, o homem só depara com os obstáculos do pensamento. Se este for livre, ele o será.

Poucos, contudo, têm o meu espírito filosófico. Há aqui mais santos do que filósofos, visto que o ideal mais elevado da maioria das pessoas, quando secundado por empenho e atividade, tinha por alvo a vida religiosa em vez da vida filosófica.

Julgo que as pessoas mais felizes que conheci deste lado são os pintores. A nossa matéria é tão leve e sutil, e manejada com tanta facilidade, que se presta facilmente às formas da imaginação. Há belos quadros aqui. Alguns dos nossos artistas tentam registrar seus quadros nos olhos mentais dos artistas da terra, e com freqüência o conseguem.

Há alegria no coração de um dos nossos verdadeiros artistas quando um companheiro ao lado capta uma idéia dele e a executa. Ele pode nem sempre ter condições de ver com clareza a excelência com que o segundo homem desenvolveu a idéia, visto que é necessário um dom especial ou um treinamento particular para *ver* uma forma de matéria na outra; mas o espírito inspirador apreende o pensamento que está na mente do inspirado e sabe que uma concepção sua está sendo levada a efeito na terra.

O mesmo ocorre com os poetas. Há belos poemas compostos aqui e impressos na mente receptiva dos poetas terrenos. Disse-me um deles que é mais fácil fazer isso com um poema curto do que com uma composição épica ou dramática, que exige um esforço de longa duração.

É mais ou menos o mesmo que se passa com os músicos. Sempre que você vai a um concerto em que se toca boa música, há provavelmente ao seu redor uma multidão de espíritos amantes da música abeberando as harmonias. A música na terra é muito apreciada deste lado. Pode-se ouvi-la. Mas nenhum espírito sensível gosta de se aproximar de um lugar em que se toca mal a música. Preferimos a música dos instrumentos de corda. Dentre todas as coisas terrenas, o som é o que chega mais diretamente a este plano da vida. Diga isso aos músicos.

Se eles ao menos pudessem ouvir a nossa música! Eu não entendia a música na terra, mas agora meus ouvidos estão se adaptando. Parece às vezes que vocês devem ouvir a nossa música aí, tal como ouvimos aqui a sua.

Você pode ficar imaginando como passo o meu tempo e aonde vou. Aqui há um recanto adorável que nunca me canso de visitar. Fica ao lado de uma montanha, não muito longe da minha cidade. Há uma estradinha contornando uma colina e, logo abaixo da estrada, uma cabana, um ambiente fechado, com teto, cujo lado inferior fica aberto. Por vezes fico ali durante horas e ouço o rumor do córrego que fica ao lado da estrada. As altas árvores esguias tornaram-se como irmãs para mim. De início, não posso ver com muita nitidez as árvores materiais; mas entro na cabana, que é feita de tábuas verdes limpas que exalam um doce odor, e deito-me no catre preso à parede; então, fecho os olhos e, com um esforço — não, não é o que eu chamaria de esforço; é uma espécie de deixar-se levar —, posso ver o belo lugar. Mas você deve saber que isso ocorre na noite daqui, e que eu o vejo por meio da minha própria luz. É por isso que viajamos durante a parte escura do período de 24 horas, pois à brilhante luz solar não podemos ver coisa alguma. Nossa luz é ofuscada pela luz mais grosseira do sol.

Certa noite, levei o menino Lionel ali comigo, deixando-o na cabana enquanto me afastava um pouco. Olhando para trás, vi toda a cabana iluminada por um brilho adorável — o brilho do próprio Lionel. A pequena edificação, que tem um teto em forma de bico, parecia uma pérola iluminada a partir de dentro. Foi uma bela experiência.

Então, dirigi-me a Lionel e disse-lhe para afastar-se um pouco, enquanto eu tomava seu lugar na cabana. Eu estava curioso para saber se ele veria o mesmo fenômeno quando eu ali estivesse, se eu podia iluminar daquela maneira a matéria densa — as tábuas da cabana. Quando o chamei mais tarde e lhe perguntei se vira algo estranho, ele disse:

"Que homem maravilhoso você é, pai! Como você fez aquela cabana parecer estar com a luz acesa?"

E percebi que ele vira o mesmo que eu.

Mas agora eu estou cansado e já não posso escrever. Boa-noite. Tenha bons sonhos.

Carta 16

A SEGUNDA ESPOSA

Sou chamado muitas vezes aqui para resolver problemas para outras pessoas. Muitos me chamam simplesmente de "o Juiz"; mas, como regra geral, ficamos com o último nome que tivemos na terra.

Homens e mulheres recorrem a mim para resolver toda sorte de problemas — questões de ética, de adaptação e até brigas. Você acha que aqui ninguém briga? Muitos brigam. Há até mesmo rixas de longa data entre as pessoas.

Os que sustentam sua opinião sobre religião costumam ser ardorosos em suas discussões. Chegando aqui com as mesmas crenças que tinham na terra e podendo visualizar seus ideais e viver na prática as coisas que esperam, dois homens que têm credos opostos tornam-se forçosamente mais intolerantes do que anteriormente. Cada um tem certeza de que está certo e de que o outro está errado. Essa obstinação em termos de crença é mais forte nos que estão aqui há pouco tempo. Passado certo período, eles começam a ser mais tolerantes, vivendo cada vez mais sua própria vida e desfrutando o mundo de provas e de percepções que cada alma constrói para si mesma.

Mas eu quero dar-lhe um exemplo do tipo de questões acerca das quais sou chamado para opinar.

Há duas mulheres aqui que em vida foram casadas com um só homem, se bem que não ao mesmo tempo. A primeira mulher faleceu, o homem casou-se outra vez e logo a seguir — não mais de um ou dois anos depois — ele e sua segunda mulher vieram para cá. A primeira esposa considera-se a única esposa do homem e o acompanha a toda parte. Ela diz que ele prometeu encontrá-la no céu. Ele está mais inclinado a ficar com a segunda esposa, embora ainda sinta afeição pela Esposa Nº 1. Ele fica muito impaciente com aquilo que julga ser a intransigência desta. Disse-me ele certo dia que desistiria de bom grado das duas se pudesse ser deixado em paz para realizar certos estudos nos quais está interessado. Eles estão entre as pessoas que conheci logo depois de ter começado a ser forte aqui — isso não faz muito tempo. E o homem buscou tão sofregamente a minha companhia, que as mulheres, a fim de ficar perto dele, também vieram.

Um dia, os três vieram a mim e apresentaram sua pergunta — ou melhor, a Esposa Nº 1 o fez. Disse ela:

"Este homem é meu marido. Não deveria, portanto, esta outra mulher ir para longe e deixá-lo sozinho comigo?"

Perguntei à Esposa Nº 2 o que ela tinha a dizer. Sua resposta foi que ficaria totalmente sozinha aqui sem o marido e que, como ela o tivera por último, ele agora lhe pertencia mais do que à outra.

Ocorreu-me de repente a lembrança dos saduceus que apresentaram uma questão semelhante a Cristo, e citei Sua resposta com a precisão que me permitia a memória: a de que "quando se levantarem dos mortos, eles não se casarão nem serão dados em matrimônio; mas serão como os anjos que estão no céu".

Minha resposta foi tão espantosa para eles quanto a sua pergunta o fora para mim, e eles foram pensar a respeito.

Depois que partiram, eu mesmo comecei a ponderar. Eu já observara que, sejamos ou não aqui como os anjos no céu, não parece haver muita formação de pares nem retomada de ex-parceiros. Aqui, a distinção de sexo é tão real quanto o é na terra, embora, com efeito, sua expressão não seja exatamente a mesma. Fiz a mim mesmo muitas perguntas que talvez jamais me tivessem ocorrido não fossem as agruras daquela interessante tríade, e pensei no homem, acerca do qual eu lera em algum lugar, que disse que nunca soube qual era sua própria opinião sobre alguma coisa até tentar dizê-la para alguém.

Depois de algum tempo, os três vieram ao meu encontro e disseram que estiveram discutindo as coisas, talvez seguindo a maneira dos anjos no céu; porque a Esposa Nº 1 me disse que decidira "deixar" o marido passar parte do tempo com a outra mulher, se assim ele desejasse.

Ora, o homem tivera uma "amiguinha", antes de ter essas duas esposas. A garota está por aqui em algum lugar, e o homem tem muitas vezes ímpetos de procurá-la. Não posso dizer que oportunidade ele terá agora de fazê-lo. A situação é deveras desanimadora para o pobre homem. Se já é bastante ruim ter uma pessoa que insiste em passar cada minuto em nossa companhia, imagine duas! E creio que o seu caso não é incomum. Talvez o único modo de ele se libertar de suas duas companhias insistentes seja voltar à terra.

Há, porém, um modo de ele assegurar a solidão; mas ele não a conhece. Um homem que souber de que maneira pode isolar-se aqui assim como podia isolar-se na terra; ele pode construir ao redor de si um muro que só os olhos de um grande iniciado são capazes de perscrutar. Não contei esse segredo ao meu amigo; mas talvez o faça qualquer dia desses, se parecer necessário para o seu desenvolvimento que ele tenha um pouco de solidão. No momento, tenho a impressão de que ele aprenderá mais adaptando-se a essa dupla pretensão e tentando encontrar a verdade que nela reside. Pode ser que ele venha a aprender que, na realidade, na essência, em termos fundamentais, não "pertence" a nenhuma dessas mulheres. As almas aqui parecem pertencer a si mesmas e, passados os primeiros anos, começam a amar tanto a liberdade, que estão prontas a renunciar um pouco às suas pretensões com relação aos outros.

Este é um grande lugar para crescer se de fato esse for o desejo, ainda que poucas pessoas aproveitem as possibilidades que ele oferece. A maioria se contenta com assimilar as experiências que teve na terra. Seria desolador para quem não se dá conta de que a vontade é livre, ver como as almas deixam escapar suas oportunidades aqui, do mesmo modo como o fizeram no planeta guardado pela lua.

Há Mestres aqui prontos a ajudar toda pessoa que desejar seu auxílio na realização de estudos reais e profundos sobre os mistérios da vida — a vida aqui, a vida aí e a vida no passado remoto.

Se a pessoa compreender que sua recente estada na terra foi apenas a mais recente de uma longa série de vidas, e se concentrar a mente na recuperação das lembranças do passado distante, ela poderá recuperá-las. Alguns podem pensar que a mera queda do véu da matéria deveria libertar a alma de tudo o que lhe tolda o entendimento; porém, tal como na terra, aqui as “coisas não são dessa nem daquela maneira porque deveriam ser, mas porque são”.

Atraímos para nós as experiências para as quais estamos preparados e que solicitamos, e a maioria das almas não pede aqui o suficiente, não mais do que o fizeram em vida. Digalhes que peçam mais, e o seu pedido será atendido.

Carta 17

INFERNOS INDIVIDUAIS

Falei-lhe há algum tempo sobre a minha intenção de visitar o inferno; contudo, quando iniciei minhas pesquisas nesse sentido, vim a saber da existência de muitos infernos.

Cada homem que não está contente com o inferno ortodoxo de fogo e enxofre constrói um outro, a partir da matéria que lhe compõe a mente, apropriado à sua necessidade imaginativa.

Creio que são os homens que entram por si mesmos no inferno, que nenhum Deus os coloca lá. Comecei a procurar um inferno de fogo e enxofre — e o encontrei. Dante deve ter visto as mesmas coisas que eu.

Mas há outros infernos, individuais —

(*A escrita parou de súbito, sem nenhuma razão aparente, e não foi retomada naquela noite. — EB*)

Carta 18

UMA PEQUENA CASA NO CÉU

Conheci um homem muito interessante depois da última vez que escrevi a você. Ele é um amante que por dez anos esperou aqui que sua amada viesse ao seu encontro.

Disseram na terra que ele estava morto, e incitaram sua amada a amar outro; ela, porém, não conseguia esquecê-lo, pois toda noite ele encontrava sua alma em sonhos, toda noite ela vinha ao seu encontro aqui e por vezes ela podia se lembrar, ao despertar, de tudo o que ele lhe dissera durante o sono. Ela lhe disse que não se demoraria muito no mundo da luz solar, mas logo viria ao seu encontro no mundo de luz própria.

Só há pouco tempo ela chegou. Ele há muito estivera se preparando para a sua vinda, e construíra com a substância deste mundo uma pequena casa, como a que planejara construir para ela no mundo exterior.

Ele me disse que uma noite, quando lhe veio em sonho, ela falara que se reuniria a ele na eternidade, para nunca mais deixá-lo. Ele ficou sobressaltado e quase a impediu, pois ele morrera súbita e dolorosamente, e tinha medo de que ela sentisse dor. Ele sempre cuidara dela, advertindo-a do perigo; dessa vez, no entanto, passado o primeiro choque que a mensagem lhe causara, ele sentiu que ela de fato estava vindo. E muito se alegrou.

Ele não encontrara nenhum outro amor aqui. Porque, quando se deixa o mundo cheio de um grande afeto e quando não se esquece quem amou na terra, o vínculo pode manter-se por muitos anos sem nenhum arrefecimento. Vocês na terra esqueceram de tal modo o que aprenderam aqui que não se dão conta de como o fato de pensar em nós pode nos fazer felizes, não percebem que, nos esquecendo, podem nos lançar outra vez inteiramente a nós mesmos.

É freqüente que aqueles que vão mais longe aqui, que de fato se desenvolvem espiritualmente, sejam aqueles cujos entes amados os esqueceram na terra; mas mesmo assim é triste ser esquecido.

Vocês nos possibilitam uma energia dolorosa quando nos lançam assim de volta a nós mesmos; e nem todas as almas são fortes o bastante nem têm aspiração suficiente para fazer uso do ímpeto da solidão que pode ajudá-las a subir a escada do conhecimento espiritual.

Voltando aos meus amantes. Ele permaneceu o dia todo ao lado dela. Não descansou; porque, como eu lhe disse, costumamos descansar um pouco quando o sol brilha na terra. Durante aquele dia todo ele ficou ao lado da amada. Ele não podia ver-lhe o corpo, porque os raios da luz do sol eram demasiado fortes para ele. Porém, após horas de espera, ele de súbito sentiu a mão dela na sua, e, embora ela lhe fosse invisível, ele sabia que ela estava *ali.* E ele lhe falou usando as palavras que teria usado na terra. Ela não pareceu entender. Ele falou outra vez, e ela ainda não respondeu; mas ele sabia pela pressão da mão da amada que ela sentia a sua presença. Assim, mão na mão, ali ficaram eles nas trevas da luz do sol, o homem capaz de falar por causa de sua longa experiência neste mundo de sons sutis, e a mulher sem fala e atônita, mas ainda segurando-lhe a mão.

Quando a luz do sol se foi, ele pôde ver-lhe a face, e ele percebeu que havia medo em seus olhos; mas ela ainda parecia apegada ao cômodo no qual jazia o corpo que fora ela. Era verão e as janelas estavam abertas. Ele procurou afastá-la e levá-la para a noite perfumada que para eles era dia; mas ela segurou-lhe a mão e não permitiu a ele que fosse.

Finalmente, ele conseguiu afastá-la um pouco e lhe falou outra vez. Desse modo, ela o ouviu e lhe respondeu.

"Amado", disse ela, "qual sou eu? Pois vejo a mim mesma — sinto a mim mesma — também ali. Pareço estar em dois lugares. Qual dos eus é realmente eu?"

Ele a confortou com palavras de amor. Ainda temia acariciá-la, porque o toque de almas é muito intenso, e não queria que ela voltasse à forma que parecia estar tão próxima deles e, assim, se perdesse dele outra vez. Mas embora ela muitas vezes tivesse ido ao seu encontro em sonhos, o contato não fora tão vívido quanto desta vez, e ele sentiu que ela de fato passara pela grande mudança.

Ela ainda segurava-lhe a mão, mas parecia temer sair com ele — sair e afastar-se *dele.* O homem ficou ali com ela durante toda aquela noite e todo o dia seguinte, quando o sol escurecedor veio outra vez e, novamente, ele não a podia ver.

Em determinado momento, os amigos bem-intencionados de sua amada perturbaram-lhe o corpo, realizando os ofícios sagrados que parecem tão necessários aos vivos, mas que podem perturbar profundamente os mortos.

Ele permaneceu com ela a segunda noite e todo o segundo dia. Ele podia ouvir os pais dela, que estavam de luto, soluçarem, embora eles não pudessem vê-lo nem à filha; mas, na segunda noite, o cachorrinho de sua amada entrou no quarto em que *ele* jazia, o quarto em que as duas almas ainda estavam, e os viu, uivando num lamento. O homem pôde ouvi-lo, e ela também.

E agora ela conseguia ouvi-lo com mais clareza quando ele lhe falava.

"Para onde vão levá-*lo*?", perguntou ela.

Ele se lembrou da época em que estivera paralisado ao lado de sua própria forma sem vida, sobre a qual sua amada vertera amargas lágrimas. E perguntou a ela se não seria melhor ir embora de vez; mas ela não podia, ou pensava não poder.

No terceiro dia, ele percebeu, pela agitação da amada, que as pessoas lhe punham o corpo no caixão. Passado algum tempo, sentiu, se bem que não pudesse ver, que muitas outras pessoas estavam no cômodo; e ouviu música fúnebre. A música pode ir de um ao outro mundo, pode ser ouvida com muito maior nitidez do que as vozes humanas, que de modo geral só podem ser ouvidas pelo ouvinte treinado.

Sua amada estava muito agitada, e o mesmo ocorria com ele, em função da simpatia por ela; e eles se sentiram indo lentamente — tão lentamente! — embora. Ele lhe disse:

"Não se lamente. Eles *o* estão levando para o enterro; mas

você está segura comigo." Ele sabia que era grande a sua perturbação.

Não é por acaso que sobre a casa da morte paira sempre um estranho silêncio que não é explicado pela mera perda do ente querido. Os que ficam na terra sentem, embora não possam ver, a alma daquele que partiu. Suas almas estão cheias de simpatia por ele em sua perplexidade.

A mudança não precisa ser dolorosa se pelo menos nos lembrarmos de que já aconteceu antes; mas nos esquecemos com muita facilidade. Por vezes, chamamos a terra de o Vale do Esquecimento.

Nos dias e semanas seguintes, esse amante ficou com sua amada, sempre tentando afastá-la da terra e *dele*, que tinha para ela, como para muitos, um estranho fascínio.

Diz-se que as almas daqueles que viveram muito tempo na terra se desapegam com mais facilidade; mas essa mulher ainda era jovem, tinha aproximadamente trinta anos, e, mesmo com a ajuda do amado, ainda demoraria certo tempo para se libertar.

Mas um dia (ou noite, como você diria) ele lhe mostrou a casa que fizera para ela, que era literalmente uma mansão no céu. Ela entrou com ele e a casa tornou-se seu lar.

Às vezes, ele a deixa por algum tempo ou ela o deixa; porque a alegria de estar juntos é aumentada aqui, como ocorre na terra, por uma ocasional separação. Mas ele só a deixou depois de ela estar alegre e acostumada com a nova vida.

Nos primeiros dias, o hábito da fome terrestre a acometia com freqüência, e ele tentava aplacá-lo dando-lhe o alimento mais leve que conhecemos aqui. Aos poucos, ela se afastou totalmente da terra e dos hábitos da terra, só voltando de vez em quando num sonho para ter com o pai e a mãe.

Não despreze seus sonhos sobre os mortos. Eles sempre

significam alguma coisa. Nem sempre têm o significado que parecem ter; porque a porta entre os dois mundos é muito estreita, e os pensamentos são amiúde deslocados em sua passagem. Mas os sonhos sobre os mortos significam alguma coisa. Podemos chegar até vocês dessa maneira.

Apareci a você num sonho uma noite dessas, ficando atrás e fora dos portões de um jardim murado no qual você estava presa. Sorri e instei-a a sair para ficar. Com isso, eu só quis dizer que você deveria sair em espírito; porque, se você sai ocasionalmente, é mais fácil para eu entrar no seu mundo.

Boa-noite.

Carta 19

O HOMEM QUE ENCONTROU DEUS

Parece não haver outra maneira pela qual eu possa ensinar mais coisas a você sobre esta vida, que lhe é tão estranha, a não ser narrando minhas experiências e conversas com os homens e as mulheres daqui.

Eu disse certa noite, há não muito tempo, que encontrara mais santos que filósofos, e quero falar-lhe de um homem que parece ser na verdade um santo. Sim, há pequenos santos e grandes santos, assim como há pequenos pecadores e grandes pecadores.

Um dia, eu estava caminhando no topo de uma montanha.

Digo "caminhando" porque me parecia a mesma coisa, embora seja preciso uma energia bem pequena para caminhar aqui.

Vi no topo da montanha um homem sozinho. Seu olhar se perdia na distância, e eu não podia ver para o que ele olhava. O homem estava abstraído e em comunhão com ele mesmo ou com alguma presença de que eu não me dava conta.

Esperei por algum tempo. Por fim, dando um longo suspiro — porque respiramos aqui —, ele voltou os olhos para mim e disse, com um sorriso amável:

"Posso fazer alguma coisa por você, irmão?"

Fiquei embaraçado por um momento, sentindo que podia ter interrompido alguma doce comunhão.

"Se não for muito atrevimento da minha parte perguntar", eu disse, "você poderia me dizer no que estava pensando enquanto ficava ali contemplando o espaço?"

Eu tinha consciência da minha presunção; porém, estando, assim determinado a aprender aquilo que posso aprender quando sou bastante atrevido em minhas perguntas, sinto que a minha própria determinação pode alcançar para mim o perdão daqueles a quem pergunto.

Esse homem tinha um belo rosto sem barba e olhos de menino; mas nas roupas demonstrava o descuido de quem não se preocupa muito com a aparência. Essa mesma inconsciência da forma exterior pode por vezes conferir-lhe uma majestade peculiar.

Ele me olhou em silêncio por um momento e depois disse:

"Eu estava tentando me aproximar de Deus."

"E o que é Deus?", perguntei; "e onde está Deus?"

Ele sorriu. Eu nunca vira um sorriso como aquele, quando ele respondeu:

"Deus está em toda parte. Deus *é*."

"O que é Ele?", insisti; e ele repetiu, com uma ênfase diferente:

"*Deus* é."

"O que você quer dizer?", perguntei.

"Deus *é*, *Deus* é", disse ele.

Eu não sei de que forma ele me transmitiu o que ele queria dizer, talvez por simpatia; mas tive de repente a idéia de que, quando ele disse "Deus *é*", exprimiu a mais completa percepção de Deus de que é capaz o espírito; e quando disse "*Deus* é", ele queria que eu compreendesse que não há um ser, nada que exista, exceto Deus.

Devo ter deixado transparecer no rosto o que eu sentia, porque o santo em seguida me disse:

"Você não sabe também que Ele *é* e que tudo o que é é Ele?"

"Começo a sentir o que você quer dizer", respondi, "se bem que sem dúvida sinta muito pouco."

Ele sorriu e não disse nada; a minha mente, no entanto, era só perguntas.

"Quando estava na terra", eu disse, "você pensava muito em Deus?"

"Sempre. Eu pensava em pouca coisa além disso. Eu O procurava em toda parte, mas parecia só às vezes ter vislumbres de consciência quanto àquilo que Ele de fato é. Ocasionalmente, quando orava, pois eu orava muito, vinha-me de súbito a pergunta 'Para quem você está rezando?' E eu respondia em voz alta 'Para Deus, para Deus!' Porém, embora eu orasse para Ele todos os dias durante anos, só em algumas ocasiões alcançava a verdadeira consciência de Deus. Por fim, um dia em que eu estava sozinho na floresta, ocorreu a grande revelação. Não veio em forma de palavras, mas como um prodígio sem verbo nem forma, grande demais para a limitação do pensamento. Caí no chão e devo ter perdido a consciência, pois, passado algum tempo — cuja duração não sei dizer —, despertei, levantei-me e olhei ao redor. Então, pouco a pouco, recordei-me da experiência que fora demais para mim enquanto eu a sentia.

"Eu poderia traduzir em palavras a percepção que fora grande demais para a minha mortalidade, e as palavras que usei para mim mesmo foram 'Tudo o que é é Deus'. Parecia-me muito simples, mas estava longe disso. 'Tudo o que é é Deus.' Isso tem de incluir a mim e a todos os seres meus companheiros, humanos e animais; mesmo as árvores, os pássaros e os rios têm de ser uma parte de Deus se Deus for tudo o que é.

"A partir daquele momento, a vida passou a ter um novo significado para mim. Eu não podia ver um rosto humano sem me lembrar da revelação — a de que o ser humano que eu via fazia parte de Deus. Quando meu cão olhava para mim, eu lhe dizia em voz alta 'Você faz parte de Deus'. Quando ficava ao lado de um rio e escutava o som de suas águas, eu dizia a mim mesmo 'Estou ouvindo a voz de Deus'. Quando alguém se irritava comigo, eu me perguntava 'De que maneira ofendi a Deus?' Quando alguém falava de modo afetuoso comigo, eu dizia 'Deus está me amando agora', e essa compreensão quase me tirava o fôlego. A vida tornou-se incrivelmente bela.

"Até aquele momento, era tal a minha absorção em Deus, na tentativa de encontrá-Lo, que passei a não levar muito em conta os meus semelhantes, tendo até mesmo chegado a negligenciar os que me eram mais próximos. Porém, a partir daquele dia, comecei a conviver com meus irmãos humanos. Descobri que quanto mais buscava a Deus neles, tanto mais Deus me respondia por seu intermédio. E a vida tornou-se ainda mais maravilhosa.

"Às vezes, eu tentava dizer aos outros o que sentia, mas

eles nem sempre me compreendiam. Foi então que comecei a me dar conta de que Deus propositadamente, por alguma razão Sua, se recobriu com véus. Seria para que pudesse ter o prazer de afastá-los? Se fosse, eu O ajudaria como pudesse. Assim, tentei fazer com que outros homens obtivessem o conhecimento de Deus que eu mesmo alcançara. Durante anos, ensinei aos homens. No início, eu queria ensinar a todos; mas como logo percebesse que isso era impossível, selecionei uns poucos que se diziam meus discípulos. Eles nem sempre diziam ao mundo que eram meus discípulos porque eu lhes pedira que não fizessem isso. Todavia, instei-os um por um a transmitir às outras pessoas o máximo possível do conhecimento que eu lhes dera. Por isso, julgo que muitos chegaram a sentir um pouco do prodígio que me fora revelado naquele dia de solidão entre as árvores, quando despertei para o conhecimento de que Deus *é*; *Deus* é."

Então o santo, virando-se, partiu, deixando todas as minhas perguntas sem resposta. Eu queria perguntar-lhe quando e como ele deixara a terra e que trabalho fazia aqui — mas ele se fora!

Talvez eu torne a vê-lo um dia. Mas, quer isso aconteça ou não, ele me deu algo que eu, por minha vez, dou a você, assim como ele queria dar ao mundo.

Isso é tudo por esta noite.

Carta 20

O LAZER DA ALMA

Uma das alegrias de estar aqui é o período de lazer dedicado a sonhar e a obter familiaridade consigo mesmo.

Claro que há muita coisa para fazer; porém, embora seja meu intento voltar ao mundo em alguns anos, sinto que há tempo para que eu me conheça a mim mesmo. Tentei fazer isso na terra, mais ou menos; mas aqui sou requisitado por menos exigências. O trabalho corriqueiro de vestir-se e despir-se é mais leve, e não tenho de ganhar o meu sustento, nem o de ninguém.

Você também poderia reservar um tempo para não fazer nada se pensasse que pode. Você pode fazer praticamente tudo o que pensa que pode.

Proponho-me, por exemplo, em alguns anos, não só obter um conhecimento geral das condições deste mundo quadridimensional, como voltar às minhas outras vidas e assimilar aquilo que aprendi nelas. Quero fazer uma síntese do total de experiências por que passou o meu ego até agora e avaliar, a partir dessa síntese, o que posso fazer no futuro, com menos resistência. Creio, apesar de não estar totalmente certo disso, que posso levar comigo boa parte desse conhecimento quando eu renascer.

Tentarei dizer a você — ou a alguns de vocês — quando e onde procurar por mim outra vez. Não, não fique assustada! Ainda vai demorar algum tempo. Uma data próxima requereria pressa, coisa que não é do meu agrado. Eu provavelmente poderia forçar o retorno, mas isso seria insensato, pois eu então voltaria com menos poder do que quero. Sendo ação e reação opostas e iguais, e podendo a unidade, ou ego, gerar apenas *uma dada quantidade de* energia num dado momento, é melhor para mim permanecer nesta condição de matéria leve até ter acumulado energia suficiente para voltar com forças. Não vou, no entanto, agir como muitas almas, que ficam aqui até se cansar deste mundo do mesmo modo que se cansaram da terra anteriormente. E então são levadas de volta, meio inconscientemente, pela força irresistível da maré do ritmo. Eu quero comandar esse ritmo.

Desde que estou aqui, um homem a quem conheci voltou à terra. Ele estava quase pronto para ir quando o vi pela primeira vez. O estranho disso tudo é que ele mesmo não compreendia a sua condição. Queixava-se de estar cansado das coisas e de querer descansar muito. Tratava-se provavelmente de um instinto natural de descanso, em preparação para o supremo esforço de abrir as portas da matéria mais uma vez. É fácil vir para cá, mas é necessário certo esforço para ir *deste* mundo para o seu.

Eu sei onde essa alma está agora, porque o Instrutor me disse. Falei com o Instrutor sobre ele, mas este já sabia de sua existência. Foi bem estranho, por ser o homem alguém com relação ao qual eu imaginava que o Instrutor teria pouco interesse. Mas, nunca se sabe. Talvez em sua próxima vida ele possa de fato começar a estudar a filosofia que *eles* ensinam.

Mas eu falava do maior tempo de lazer aqui. Eu gostaria que você pudesse organizar sua vida de modo a ter um pouco mais de lazer. Não quero que você seja preguiçosa, mas o estado de passividade da mente é tão valioso quanto o de atividade. Quando você é passiva, podemos chegar a você. Quando a sua mente e o seu corpo estão sempre ocupados, é difícil deixar impressa em você alguma mensagem da alma. Arranje um pouco mais de tempo a cada dia para não fazer nada. Às vezes, é bom não fazer nada; isso permite que as partes semiconscientes de sua mente funcionem. Elas podem recordá-la de que há uma vida interior: porque a vida interior que está à sua disposição na terra é, na verdade, o ponto de contato com o mundo em que vivemos.

Eu disse que os dois mundos se tocam, e eles fazem isso por meio do interior. Você precisa entrar para sair. É um paradoxo, e os paradoxos ocultam grandes verdades. As contradições não são verdades, mas um paradoxo não é uma contradição.

Há uma grande diferença na duração do período que as pessoas passam aqui. Vocês falam de ter saudades de casa. Há almas aqui que têm saudades da terra. Elas às vezes voltam quase imediatamente, o que em geral é um erro. Exceto quando se é jovem e ainda se conta com uma reserva de energia economizada na vida passada, o retorno muito precoce à terra deixa a pessoa sem força para uma reentrada vigorosa.

É estranho ver um homem aqui tão saudoso da terra quanto certos poetas e sonhadores da terra o ficam da vida interior.

Esse uso dos termos "exterior" e "interior" pode parecer confuso; mas é preciso se lembrar que, enquanto vocês *entram* para chegar a nós, nós *saímos* para chegar a vocês. Em nosso estado normal aqui, vivemos uma vida quase subjetiva. Tornamo-nos cada vez mais objetivos à medida que tocamos seu mundo. Vocês se tornam cada vez mais subjetivos à medida que tocam o nosso mundo. Se ao menos soubessem disso, vocês poderiam vir a nós quase sempre para uma breve visita — quero dizer, ao mergulhar em si mesmos com suficiente profundidade.

Se quiser fazer a experiência e não tiver medo, posso trazê-la aqui sem que você perca muito a consciência do corpo — digo, sem que você esteja em sono profundo. Chame-me quando quiser experimentar. Se eu não vier de imediato, não desanime. Claro que, no momento, posso estar fazendo outra coisa; nesse caso, porém, virei em outra ocasião.

Não há pressa. É isso que desejo deixar gravado em você. O que você não faz este ano talvez venha a fazer no próximo; mas se estiver sempre correndo atrás das coisas, pouco poderá realizar na tarefa específica. A eternidade é longa o bastante para o pleno desenvolvimento do ego do homem. A eternidade parece ter sido projetada com esse fim. Fez-se uma bem fundamentada afirmativa em certo momento: "O objeto da vida é a vida." Entendi isso de maneira mais plena desde que tive a oportunidade de estudar a eternidade partindo de um novo ângulo. Trata-se de um ponto de vista muito apropriado para encarar o tempo e a eternidade. Vejo agora o que não vi antes, que eu mesmo nunca perdi tempo. Mesmo seus fracassos foram uma parte valiosa da minha experiência. Perdemos para voltar a ganhar. Assumimos o poder e dele saímos às vezes enquanto entramos e saímos da vida a fim de aprender o que há dentro e fora. Nisso, como em todas as coisas, o objeto da vida é a vida.

Não se apresse. O homem pode progredir aos poucos até atingir o poder e o conhecimento, ou pode tomá-los pela força. A vontade é livre. Mas o desenvolvimento gradual gera uma reação menos forte.

Carta 21

A SERPENTE DA ETERNIDADE

Gostaria de falar esta noite sobre a eternidade. Até sair, eu nunca percebera esse problema. Eu pensava apenas em termos de meses, anos e séculos; agora vejo o círculo se fechar. As saídas da matéria e as entradas nela não são mais do que a sístole e a diástole do ego-coração; e, falando da perspectiva da eternidade, são relativamente tão breves quanto aquelas. Para você, uma vida é um longo tempo. Assim costumava me parecer, mas eu não penso mais assim.

As pessoas estão sempre dizendo "Se eu pudesse viver novamente a minha vida, eu faria isto e aquilo". Ora, nenhum homem tem uma vida particular para viver novamente, não mais do que um coração pode voltar e repetir o batimento do segundo anterior; mas todo homem tem sua próxima vida para a qual deve preparar-se. Suponha que você tenha feito da sua existência um fracasso. A maioria dos homens faz isso, se vistos do ponto de vista do seu ideal mais elevado; mas todo homem capaz de pensar assimilou necessariamente certa experiência que pode levar consigo. Ele pode não ser capaz, ao entrar na luz solar de outra vida na terra, de lembrar-se dos detalhes de sua experiência anterior, se bem que alguns homens podem fazer isso por meio de um treinamento suficiente e de determinação; mas as tendências de toda vida dada, os impulsos e desejos inexplicados, são em quase todos os casos conservados.

É preciso libertar-se do hábito de achar que a vida atual é única, livrar-se da idéia de que a vida que se espera levar deste lado, depois da morte, há de ser uma existência interminável em determinado estado. Você não poderia suportar essa existência infinita na matéria sutil do mundo interior mais do que poderia suportar viver para sempre na matéria densa em que ora se acha encerrada. Você se cansaria. Não poderia suportá-lo.

Tenha em mente essa idéia do ritmo. Todos os seres estão sujeitos à lei do ritmo, mesmo os deuses — se bem que de uma maneira mais ampla do que nós, com períodos mais prolongados de fluxo e refluxo.

Eu não queria deixar a terra; lutei contra isso até o último instante. Mas agora vejo que a minha saída era inevitável por causa das condições. Se eu tivesse começado antes, poderia ter-me preparado para uma viagem mais longa; mas quando o carvão e a água se esgotaram, tive de aportar.

É possível prover uma pequena embarcação de vida para uma viagem mais longa do que a que costuma ser prevista;

mas é preciso economizar o carvão e não desperdiçar a água. Há algumas pessoas que vão entender que a água é o fluido da vida.

Muitas pessoas se entristecem com a idéia de que a vida após a morte não é eterna, um progresso interminável em reinos espirituais; embora poucos dos que assim objetam tenham alguma idéia do que querem dizer ao falar de reinos espirituais.

A vida eterna é possível a todas as almas — sim; mas não é possível seguir para sempre a mesma direção. A evolução é uma curva. A eternidade é um círculo, uma serpente que devora a própria cauda. Enquanto não estiver disposta a entrar e sair da matéria densa, a pessoa nunca vai aprender a transcender a matéria. Há os que podem ficar na matéria ou fora dela à vontade e, de modo relativo, pelo tempo que desejarem; mas estes nunca são aqueles que recusam alguma dessas formas de vida.

Eu costumava recusar o que eu chamava de morte. Há pessoas deste lado que recusam aquilo que *elas* chamam de morte. Você sabe o que elas chamam de morte? É o renascimento no mundo. Sim, isso mesmo.

Há muitos aqui que ignoram o ritmo, a exemplo da maioria das pessoas do seu lado. Conheci homens e mulheres que nem sequer sabiam que iriam voltar à terra, que falavam da "grande mudança" tal como os homens da terra falam da morte e de tudo aquilo que se acha além como "não comprovado e não comprovável". Seria trágico se não fosse tão absurdo.

Quando soube que tinha de morrer, resolvi levar comigo a lembrança, a filosofia e a razão.

Agora, quero dizer algo que talvez a surpreenda. Há um homem que escreveu um livro chamado *The Law of Psychic Phenomena*, e nele disse certas coisas das duas partes da mente que denomina a subjetiva e a objetiva. Ele afirmou que a mente subjetiva é incapaz de raciocínio indutivo, que ela aceitaria toda premissa que lhe desse a mente objetiva e raciocinaria a partir dessa premissa com uma lógica impecável; mas ela não poderia ir à base da premissa, não teria condições de raciocinar regressivamente.

Ora, lembre-se de que, nesta forma da matéria em que me encontro, os homens vivem principalmente uma vida subjetiva, assim como os homens na terra vivem principalmente uma vida objetiva. As pessoas aqui, estando no subjetivo, raciocinam a partir das premissas que já lhes foram dadas no curso de sua existência objetiva ou terrena. Eis por que a maioria dos que viveram por último nas chamadas terras ocidentais, nas quais é impopular a idéia do ritmo ou do renascimento, chegou aqui com a idéia fixa de que não voltaria à vida na terra. Por isso, a maior parte deles ainda pensa com base nessa premissa.

Vocês não compreendem que o que acreditam que vão ser aqui determina em grande parte o que vocês vão ser? Quem não acredita no renascimento não pode escapar para sempre ao ritmo do renascimento; mas essas pessoas se apegam à sua crença até que a maré do ritmo as leve consigo e as force a entrar na matéria densa outra vez, o que elas fazem estando muito despreparadas, não levando consigo quase nenhuma lembrança de sua vida aqui. Elas trouxeram a lembrança da vida na terra porque esperavam trazê-la consigo.

Muitos orientais que sempre acreditaram no renascimento lembram-se de sua vida anterior, pois esperavam lembrar-se dela.

Sim, quando percebi que tinha de deixar a terra, tomei uma firme decisão. Decidi que iria me lembrar tanto da saída como da entrada subseqüente. Claro que não posso jurar agora que vou me lembrar de tudo quando voltar a entrar na matéria pesada; mas, se possível, estou decidido a fazer isso. E obterei algum sucesso se não conseguir a mãe errada. Pretendo ocupar-me bastante desse ponto e escolher uma mãe familiarizada com a idéia do renascimento. Se possível, escolherei uma mãe que de fato me tenha conhecido na minha última vida como —— e que, se eu anunciar na infância que sou aquele mesmo —— que ela conheceu quando garotinha, não me repreenda e não me reprima com suas dúvidas.

Creio que muitas crianças levam para a vida terrena lembranças de sua vida aqui, mas, depois, essas lembranças se perdem em razão da sugestão constantemente feita a elas de que são criadas a partir do nada, "pela primeira e única vez saídos da mão de Deus", etc., etc.

A eternidade é, de fato, longa, e há mais coisas na terra e no céu do que sonha a filosofia de um simples professor que dê aulas para crianças.

Ah, se vocês pudessem compreender a idéia da vida imortal e *apegar-se a ela*! Se pudessem ver a si mesmos como seres sem começo nem fim, vocês poderiam começar a fazer coisas importantes. É uma maravilhosa consciência a da eternidade. Os pequenos problemas parecem de fato pequenos àquele que pensa sobre si mesmo em termos de um milhão de anos. Você pode pensar em um bilhão ou no que quiser, mas a idéia é a mesma. Nenhum homem pode apreender a idéia de um milhão de anos, de um milhão de dólares ou de um milhão de qualquer coisa; o número é só um símbolo para uma grande quantidade, seja ela de anos ou de peças de ouro. A idéia não pode ser fixada; haverá sempre algo que escapa. Nenhum milionário sabe exatamente quanto tem num dado momento; porque há sempre juros a ser computados e o valor se modifica. O mesmo acontece com a imortalidade. Não concebam a si mesmos como tendo vivido um milhão ou um trilhão de anos, mas como seres verdadeiramente imortais, sem começo nem fim. O homem que sabe que é rico é mais rico do que o homem que diz ter uma certa quantia de dinheiro, seja ela grande ou pequena. Assim, apóiem-se na consciência da eternidade e trabalhem na consciência da eternidade.

Isso é tudo por esta noite.

Carta 22

RESPOSTA A ACUSAÇÕES

Diga à amiga que tem medo de que eu a prejudique ao escrever com sua mão que o problema foi completamente resolvido deste lado entre mim e o Instrutor antes de começar a tomar forma do seu lado.

A mediunidade comum, na qual o organismo de uma pessoa não muito saudável na terra é demasiado vulnerável a todo espírito obsessor, amigo ou não, é uma proposição muito diferente desta. Aqui, eu, que fui seu amigo no mundo, tendo ido mais além, venho ao seu encontro para instruí-la a partir do meu conhecimento maior deste lado.

Não estou fazendo nenhuma abertura no seu sistema nervoso pela qual forças irresponsáveis possam entrar e se apossar de você. Na realidade, se algum espírito, amigo ou maligno, fizesse uma tal tentativa, teria de haver-se comigo, e eu não sou destituído de forças. Agora, sei de segredos — que trago na lembrança ou que me foram ensinados —, segredos por meio dos quais posso protegê-la do que é geralmente conhecido como mediunidade. Além disso, aconselho-a a nunca, mesmo a solicitações prementes de pessoas cujos entes queridos partiram, *nunca* se prestar a isso. As entidades que vagam no chamado mundo invisível não têm o direito de aparecer e solicitar a entrada no seu organismo simplesmente porque este é constituído de tal forma que eles podem entrar, não mais do que a multidão na rua teria o direito de forçar a entrada em sua casa apenas porque seus membros estavam curiosos, famintos ou com frio. Não deixe que isso aconteça. A permissão já foi dada uma vez, é verdade; mas o caso era excepcional e não se baseava no desejo pessoal nem na curiosidade de quem quer que seja — nem mesmo na sua. Duvido que a permissão volte a ser dada.

Muitas coisas mudaram desde que comecei a escrever com você. A princípio, eu usava sua mão e seu braço a partir de fora — por vezes, como você se lembra, com tanta força, que você não podia fazer uso deles no dia seguinte. Então, familiarizando-me mais com os meios à minha disposição, tentei outro método, e você percebeu uma mudança na natureza da escrita. Começou desajeitadamente, com letras grandes e malformadas, tendo pouco a pouco adquirido nitidez à medida que o controle do instrumento que eu usava era melhor.

Agora, nas últimas vezes, usei um terceiro método. Entro na sua mente, ponho-me em absoluta relação telepática com ela, imprimindo nela as coisas que quero dizer. Para que se escreva assim, é preciso que você fique profundamente passiva, imobilizando todo pensamento individual e submetendo-se ao meu pensamento; mas isso não é mais do que você faz todos os dias ao ler um livro interessante. Você pode entregar sua mente ao autor, que a conduz de um lado para o outro, enlevada e passiva, por meio da página impressa.

Essas experiências de aperfeiçoamento do modo de comunicação têm sido muito interessantes para mim.

Diga à sua amiga que não sou uma criança nem um experimentalista impiedoso. Não só na minha última vida na terra mas em muitas vidas anteriores, fui um estudioso da ciência superior, entregando-me de modo absoluto à verdade e à busca da verdade. Nunca usei descuidadamente nenhum ser humano em detrimento seu, e por certo não vou começar com você, minha verdadeira amiga e aluna.

Tampouco vou interferir de qualquer maneira na sua vida ou nos seus estudos e em seu trabalho. Essa idéia não tem sentido. Quando andava pelo mundo sobre duas pernas, nunca fui considerado um homem perigoso. Não mudei de caráter só por ter mudado de roupas e por usar vestes mais leves.

Tenho certas coisas a dizer ao mundo. No presente momento, você é a única pessoa que pode agir como amanuense para mim. Isso não é culpa minha nem sua. A questão que temos à nossa frente não é se eu quero ter as cartas escritas nem mesmo se você as quer escrever, mas se elas vão trazer benefícios ao mundo. Acredito que sim. Você acha que elas podem fazer isso. B —— pensa que elas são não só imensamente valiosas como peculiares. Fulano e Beltrano duvidam e têm medo. Quanto a isso, nada posso fazer, nem você.

Bendito seja o coração deles! Por que estariam eles tão ávidos por me ver pelas costas? Com certeza, não vou tentar tomar a frente dos negócios deles a partir deste lado. Eles estão capacitados para a sua função, pois do contrário não poderiam tê-la exercido. Mas este é um trabalho bem diferente de que me encarreguei, tendo você consentido gentilmente em me ajudar.

Você pode não conseguir muita recompensa pelo seu trabalho, exceto o menear de cabeça dos que julgam tudo saber e seu sorriso de superioridade, bem como a sugestão dos que se inclinam à ciência de que eu sou sua própria "mente subconsciente". Eu não ficaria ofendido com essa hipótese, nem você precisa ficar.

Está claro que você não está preocupada, visto que, se estivesse, eu não poderia escrever. Para eu escrever uma só linha, sua mente tem de apresentar a placidez de um lago numa noite sem vento.

Transmita-lhes meu amor.

Carta 23

PASSAR O TEMPO

Consegui fazer o que você tanto queria — encontrar o menino que veio acidentalmente por afogamento.

Quando você olhou a fotografia dele, eu o vi por meio dos seus olhos e trouxe comigo a lembrança de seu rosto. Encontrei-o vagando ao léu, perplexo. Quando lhe falei de você e disse que você me pedira para ajudá-lo, ele pareceu surpreso.

Pude dar-lhe uma pequena ajuda, se bem que ele tenha um amigo aqui — um homem velho, que está mais próximo dele do que eu um dia poderia conseguir. Aos poucos, o menino vai ajustar-se às novas condições.

A pequena ajuda que lhe dei foi em termos de informação. Ele precisava afastar da mente um pensamento recorrente, e eu lhe sugeri uma ou duas maneiras de passar o tempo que são tanto agradáveis como instrutivas.

Você se espanta com a expressão "passar o tempo"? Mas o tempo existe aqui. Onde quer que haja seqüência, há tempo. Pode vir a existir um "tempo" em que todas as coisas existam simultaneamente, passado, presente e — podemos dizer — futuro? Mas enquanto passado, presente e futuro forem mais ou menos distintos, o tempo existirá. Esse é o princípio da seqüência. Você imaginou que fosse alguma outra coisa?

Interiormente, isto é, nas profundezas do eu, podemos encontrar um lugar silencioso em que todas as coisas *parecem* existir em uníssono; mas tão logo a alma, mesmo ali, tenta examinar as coisas separadamente, a seqüência tem início.

A união com o Todo é outra coisa. Ele é, ou parece ser, intemporal; mas assim que se tenta uma união com as coisas, ou ter consciência delas, o tempo se manifesta.

Carta 24

UM MUNDO SEM SOMBRAS

Passou-se certo tempo da minha estada aqui antes de eu perceber uma das mais óbvias características deste mundo.

Certa noite, quando caminhava a esmo e bem devagar, vi um grupo de pessoas aproximar-se de mim. Era muito claro o lugar em que estavam, porque era muito grande o seu número. De súbito, ao ver aquela luz, ocorreu-me um pensamento, um dito de um dos livros herméticos: "Onde a luz é mais intensa, estão as sombras mais profundas." Não obstante, observando aqueles homens e mulheres, vi que *eles não projetavam sombras.*

Cumprimentei o homem que estava mais próximo — você deve lembrar-se que isso aconteceu pouco depois da minha chegada, quando eu ainda era mais ignorante do que sou agora — e chamei sua atenção para esse fenômeno peculiar de um mundo sem sombras porém brilhantemente iluminado. Ele sorriu da minha surpresa e disse:

"Não faz muito tempo que você está aqui, não é?"

"Não."

"Então você não sabe que iluminamos nosso próprio lugar? A substância de que se compõe nosso corpo é radiante. Como poderiam nossas formas projetar sombras se a luz se irradia delas em todas as direções?"

"E à luz do sol?", perguntei.

"Oh", ele respondeu, "você sabe que à luz do sol não podemos ser vistos! A luz solar é grosseira e bruta, e se impõe à luz dos espíritos."

Parece-lhe estranho que, neste momento, eu possa sentir o calor dessa lareira ao lado da qual você está sentada? Há uma magia na madeira que queima. A combustão do carvão tem um efeito bem diferente sobre a atmosfera mediúnica. Se a pessoa que sempre foi cega a visões e insensível aos sentimentos e premonições mais delicados do mundo invisível tentasse meditar diante de uma lareira acesa, por uma ou duas horas todos os dias ou noites, acabaria fazendo com que sua visão e seus sentidos sutis se abrissem a coisas com que até então nunca sonhara.

Os orientais que cultuam seu Deus com fogo são sábios e têm muitas visões. A luz da cera que queima também tem um efeito mágico, embora distinto do de uma lareira. Sente-se às vezes ao anoitecer tendo como única luz a de uma vela solitária e observe que visões vêm do "Vazio"!

Há muito não lhe digo nada sobre o menino Lionel. Ele está muito interessado na idéia de escolher uma família de engenheiros na qual possa renascer. Este é um pensamento ao qual ele sempre volta.

"Por que você tem tanta pressa de me deixar?", pergunteilhe da primeira vez em que ele mencionou o assunto.

"Mas eu não sinto como se o deixasse totalmente", ele replicou. "Eu poderia vir ao seu encontro em sonhos."

"Não no início", eu lhe disse. "Você ficaria preso, cego e surdo por um longo tempo, e poderia não ter condições de vir ao meu encontro até que eu também tivesse voltado mais uma vez para a terra."

"Então, por que não vai comigo?", perguntou ele. "Diga, Pai, por que não poderíamos nascer como irmãos gêmeos?"

A idéia era tão absurda, que sorri; mas Lionel não podia perceber onde estava a graça.

"Mas existem gêmeos", disse ele com seriedade. "Eu conheci irmãos gêmeos quando vivi em Boston."

Mas quando voltar à terra, não tenho nos meus planos a intenção de ter um irmão gêmeo; por isso, eu disse a Lionel que, se desejava privar da minha companhia por algum tempo, teria de ficar quietinho onde estava.

"Mas por que não podemos voltar juntos?", ele ainda pergunta, "e ser ao menos primos ou vizinhos?"

"Talvez possamos", eu lhe disse, "se você não estragar tudo com uma pressa desnecessária."

É estranho esse menino. Neste mundo, há oportunidades ilimitadas para se trabalhar com a matéria sutil, oportunidades de inventar e de experimentar; mas ele quer pôr as mãos em ferro e aço. Que coisa estranha!

Numa dessas noites, tentarei trazer o menino para visitá-la, de modo que você possa vê-lo — quer dizer, imediatamente antes de adormecer. Essas são as verdadeiras visões. As que ocorrem durante o sono podem ser confundidas pelas perturbações da matéria pelas quais você passa quando está desperta. Não se esqueça do menino. Eu já lhe disse que venho e escrevo com a sua mão, e ele está muito interessado nisso.

"Por que eu não poderia operar o telégrafo dessa maneira?", perguntou-me ele; porém eu o aconselhei a não tentar. Ele poderia interromper alguma mensagem terrestre que tenha sido enviada e paga.

De vez em quando, eu o levo comigo ao mundo dos padrões. Ele tem um pequeno modelo seu com o qual se diverte ali enquanto examino outras coisas. É o modelo de uma roda, que ele põe em movimento com a eletricidade dos dedos. Não, não é feita de aço — não do aço que você conhece. Ora, aquilo que você chama de aço é muito pesado! Ele cairia deste mundo com tanta velocidade que nem sequer deixaria um vestígio de si.

Você precisa compreender que os dois mundos se compõem de matéria, que não só se move numa freqüência diferente de vibração, mas está carregada de um magnetismo diferente. Diz-se que dois objetos sólidos não podem ocupar o mesmo lugar no espaço ao mesmo tempo; mas essa lei não se aplica a dois objetos que sejam um pertencente ao seu mundo e o outro ao nosso. Assim como a água pode ser quente e úmida ao mesmo tempo, um metro quadrado de espaço pode conter um metro de matéria terrena e um metro de matéria etérica.

Não, não perca tempo discutindo sobre palavras. Vocês não têm palavras que designem o tipo de matéria que usamos aqui, pois nada sabem sobre ela. Lionel e sua roda elétrica seriam invisíveis a você se fossem postos agora no tapete da lareira à sua frente. Nem a magia da lareira os tornaria visíveis — ao menos não à luz do dia.

Em alguma noite — mas falaremos disso em outro momento. Tenho de ir agora.

Carta 25

CÍRCULOS NA AREIA

Estou só começando a apreciar o romance da vida aqui. Devo ter tido sempre um temperamento romântico; mas só depois de mudar de lugar passei a dispor de tempo e de oportunidade para dar-lhe vazão. Na terra, sempre havia coisas demais a fazer, muitas obrigações, exigências inúmeras feitas a mim. Aqui eu estou livre.

Você não tem idéia do sentido da liberdade, a não ser que se lembre da última vez em que esteve aqui, e duvido que você possa fazer isso.

Quando digo "romance", refiro-me ao encanto da existência, ao toque mágico que transforma o lado cinzento da vida em róseo. Você sabe de que falo.

É maravilhoso ter tempo livre para sonhar e realizar os próprios sonhos, porque aqui a realização acompanha o sonho. Tudo é bastante real, a imaginação é potentíssima, e a capacidade de vincular coisas é imensa — praticamente ilimitada!

Na verdade, aqui os que sonham não ficam ociosos, porque nosso ato de sonhar é uma espécie de criação; e mesmo que não fosse, temos o direito de fazer ou não fazer o que quisermos. Fizemos jus às nossas férias. O trabalho vai voltar. Teremos de nos revestir de matéria densa e assumir os ônus que traz consigo.

Ora, é preciso mais energia na terra para pôr um pé pesado diante do outro e para impelir o corpo de cinqüenta ou cem quilos por um quilômetro do que se requer aqui para dar a volta ao mundo! Isso vai lhe dar uma idéia da quantidade de energia adicional que temos para nos divertir e para construir sonhos.

Talvez na terra vocês trabalhem demais — mais do que de fato é necessário. A quantidade de coisas supérfluas que vocês acumulam ao redor de si, os desejos artificiais que criam, o ritmo estonteante da vida com o objetivo de prover a todas essas coisas parecem-nos absurdos e bastante lamentáveis. Sua economia política é um mero folguedo infantil, seus governos são máquinas obsoletas que só fazem coisas desnecessárias. Boa parte do trabalho de vocês é inútil, e a vida seria praticamente fútil se vocês não sofressem de tal maneira, que a alma aprendesse, se bem que a contragosto, que a maioria dos seus esforços é vã.

Como eu costumava transpirar e resmungar nos primeiros dias para traçar meu pequeno círculo na areia! Hoje vejo que, se tivesse dedicado mais tempo a pensar, poderia ter recuperado algo do meu conhecimento passado, obtido em outras vidas; e embora ainda me sinta obrigado a traçar o meu círculo na areia, eu poderia tê-lo feito com menos dificuldade e na metade do tempo.

Aqui, se eu quiser, posso passar horas observando as mudanças de cor de uma nuvem. Ou, melhor ainda, posso deitar-me de costas e lembrar. É maravilhoso lembrar, deixar que a mente volte ano após ano, vida após vida, século após século, retrocedendo cada vez mais até que nos vemos como... uma tartaruga! Mas também se pode olhar para a frente, avançando cada vez mais, vida após vida, século após século, éon após éon, até que descobrimos ser um arcanjo. Olhar para trás é memória; olhar para a frente é criação. Claro que criamos o nosso próprio futuro. Quem mais poderia fazê-lo? Somos influenciados, movidos, desviados, ajudados ou impedidos pelos outros; mas, o tempo inteiro, somos nós mesmos que forjamos os grilhões. Fazemos os nós que teremos de desatar, muitas vezes com esforço e perplexidade.

Ao voltar às minhas vidas passadas, percebo o motivo e a finalidade de minha última vida. Ela foi, de certa maneira, a menos satisfatória de muitas vidas — exceto uma; mas agora vejo o seu propósito e me dou conta de que tracei os planos para ela da última vez em que estive aqui. Cheguei ao ponto de voltar à terra num momento definido a fim de privar da companhia de certos amigos que ali foram ao meu encontro.

Mas agora virei a página e iniciei novamente a marcha para cima. Já estou traçando as linhas do meu próximo retorno, se bem que não haja pressa. Bendita seja você! Não vou voltar enquanto não tiver aproveitado ao máximo a liberdade e o prazer desta existência aqui.

Também tenho muitos estudos a fazer. Quero rever aquilo que aprendi nas vidas até agora, vidas esquecidas mas, neste momento, lembradas.

Você lembra que, quando ia à escola, de vez em quando

tinha de rever as lições das semanas ou meses precedentes? Esse hábito tem por base um princípio bem fundamentado. Estou agora em minhas aulas de revisão. Antes de voltar ao mundo, ocupar-me-ei de todas essas revisões, fixando pela vontade as memórias que desejo especialmente levar comigo. Seria praticamente impossível levar intacto o grande panorama de experiência que ora se abre diante dos olhos da minha memória; mas há várias coisas fundamentais, princípios e ilustrações filosóficos, que não posso esquecer. Também quero levar comigo o conhecimento de certas fórmulas e o hábito de certas práticas que você provavelmente chamaria de ocultas. Por meio delas, quando estiver maduro outra vez em meu novo corpo, poderei lembrar esta mesma sucessão de experiências à minha frente sempre que quiser.

Não, não vou lhe falar sobre o seu passado. Você tem de resgatá-lo, e pode fazê-lo, por si mesma. E isso se aplica também a quem sabe a diferença entre memória e imaginação. Sim, a diferença, se bem que sutil, é tão real quanto a que distingue o ontem do amanhã.

Eu não quero que você tenha nenhuma pressa em vir para cá. Continue onde está tanto tempo quanto possível. Muito do que fazemos deste lado você pode fazer quase com a mesma eficácia enquanto ainda está no seu corpo. Claro que você tem de usar mais energia, mas para isso serve a energia — para ser usada. Ainda que a armazenemos, armazenamo-la para uso futuro. Não se esqueça disso.

Uma das razões por que descanso muito agora, sonho e me divirto, é que quero armazenar o máximo de energia possível para voltar com força.

É bom que você tenha seguido o meu conselho sobre dedicar-se um pouco ao ócio e conhecer mais a sua própria alma. Há surpresas guardadas para a pessoa que empreende deliberadamente a busca de sua alma. A alma não é uma luz bruxuleante vista a distância, mas um farol pelo qual podemos nos guiar e evitar os rochedos do materialismo.

Tive muito prazer em voltar às minhas encarnações gregas. Que concentração tinham os gregos! Eles sabiam muito. As águas do Letes, por exemplo — que concepção! —, levadas deste lado por uma memória habilidosa.

Se o homem ao menos tentasse se lembrar, se pelo menos dedicasse algum tempo a considerar tudo aquilo que tem sido, haveria mais esperança acerca do que ele pode vir a ser! Ora, você sabe que o homem pode tornar-se um deus — ou aquilo que, comparado com a humanidade comum, tem toda a magnitude e grandeza de um deus? "Vocês são deuses" não foi dito simplesmente num sentido simbólico.

Encontrei o Mestre da Galiléia, e comunguei com Ele. Ali está um homem — e um deus! O mundo precisa dele agora.

Carta 26

O ANEL MÁGICO

Seria difícil você compreender, só com base no que lhe digo, a diferença entre a sua vida e a nossa. Comecemos com a diferença em substância, não só da substância do nosso corpo como também da substância dos objetos naturais que nos cercam.

Você se espanta com o termo "objetos naturais" aplicado às coisas deste mundo? Você não imaginou que nos havíamos livrado da Natureza, não é? Ninguém se livra da Natureza — nem mesmo Deus. A Natureza *é*.

Imagine que você passou sessenta ou setenta anos num pesado corpo terreno, um corpo que insistia em engordar e que ficaria com as articulações endurecidas e com reumatismo, chegando ao ponto de "fazer greve" de vez em quando, e fazendo você ficar de cama e passar por tratamentos mais ou menos incômodos. Então, imagine que está trocando subitamente esse corpo pesado por uma forma leve e flexível. Você pode imaginar isso? Confesso que fazê-lo teria sido uma dificuldade para mim, mesmo um ou dois anos atrás.

Revestida por esta forma, que tem radiância suficiente para iluminar o próprio lugar em que você está quando a sua luz não é encoberta pela luz mais grosseira do sol, imagine que você se desloca de um lugar a outro, de pessoa a pessoa, de idéia a idéia. Com o passar do tempo, a própria necessidade de alimento sofre uma diminuição gradual. Já não somos incomodados pela fome nem pela sede; se bem que eu, por exemplo, ainda me conceda de vez em quando um pouco de alimento, uma quantidade infinitesimal em comparação com os jantares cheios de carne que eu costumava ingerir.

E já não somos perseguidos pelos dez mil pequenos deveres da terra. Aqui, temos mais confiança nos estados de espírito. Raramente se firmam compromissos — isto é, compromissos que imponham obrigações. Como regra geral, apesar de haver exceções, o desejo é mútuo. Quero ver um amigo e estar com ele ao mesmo tempo que ele sente o desejo da minha companhia, e naturalmente nos deslocamos juntos. Ter companhia aqui é uma coisa muito bonita, mas a solidão também está cheia de encantos.

Desde os dois ou três primeiros meses, não tenho estado solitário. No início, senti-me como um peixe fora d'água, é claro. Quase todos se sentem assim, embora haja exceções quando se trata de pessoas muito espirituais que não têm vínculos nem ambições terrenos. Combati tanto a idéia de "morrer" que meu novo estado me pareceu inicialmente a prova do meu fracasso, e eu costumava vagar com a impressão de que iria perder muito tempo valioso, tempo esse que poderia ter sido usado para melhor aproveitar o tumulto e a tensão da vida na terra.

Claro que o Instrutor veio ao meu encontro; mas ele era sábio demais para me carregar nas costas, mesmo no princípio. Ele me lembrou de alguns princípios, cuja aplicação deixou ao meu cargo; e, aos poucos, à medida que os coloquei em prática, consegui assumir o controle sobre mim mesmo. Então, da mesma maneira gradual, a beleza e o prodígio da nova condição começaram a aflorar em mim e vi que, em vez de desperdiçar tempo, eu, na verdade, acumulava uma grande experiência, que poderia ser usada mais tarde.

Falei com muitas pessoas aqui, pessoas em todos os estágios de desenvolvimento intelectual e moral, e lamento dizer que a pessoa que tenha uma clara idéia da significação da vida e de suas possibilidades de desenvolvimento é quase tão rara aqui quanto na terra. Como eu já disse, a pessoa não se torna de repente onisciente ao mudar a textura do seu corpo.

O homem vaidoso da terra provavelmente será vaidoso aqui, se bem que, em sua próxima vida, a própria lei da reação — caso ele tenha exagerado na vaidade — possa mandá-lo de volta como pessoa modesta e até tímida, ao menos por algum tempo, até que a reação se esgote. Quando sai da terra, a pessoa traz consigo sua personalidade e suas características.

Lamentei muitas vezes o destino de homens que em vida foram escravos da rotina dos negócios. Muitos não podem sair disso por muito tempo; e em vez de se divertir, ficam indo e voltando entre cenas de suas antigas atividades, pensando sem parar em problemas de estratégia ou de finanças até ficarem quase tão desgastados quanto estavam quando "morreram".

Como você sabe, há Instrutores aqui. Poucos deles têm o valor do meu Instrutor; mas há muitos que ajudam com prazer a alma dos recém-chegados. Eles nunca deixam um novato totalmente entregue a si mesmo. Sempre lhe é oferecida ajuda, se bem que nem sempre ela seja aceita. Neste último caso, ela é oferecida repetidas vezes, porque os que se dão aos outros o fazem sem esperança de recompensa ou mesmo de reconhecimento.

Se eu me tivesse decidido a escrever um tratado científico sobre a vida deste lado, eu deveria ter começado de uma maneira bem diferente desta. Em primeiro lugar, eu teria adiado o trabalho por uns dez anos, até que todos os fatos estivessem classificados e organizados; depois, poria mãos à obra e ditaria um livro tão chato, que ele faria com que você cochilasse, e eu teria tido de despertá-la de vez em quando para que você pegasse o lápis de novo para escrever.

Em vez disso, comecei a escrever assim que cheguei, e estas cartas são, na verdade, as cartas de um viajante num país estrangeiro. Elas registram suas impressões, muitas vezes seus erros e algumas vezes, talvez, seus preconceitos paroquiais; mas ao menos elas não são uma repetição do que foi dito por outra pessoa.

Eu gosto que você mantenha a minha fotografia sobre a cornija da lareira; isso me ajuda a vir. Há grande força numa fotografia.

Tenho desenhado quadros para você ultimamente na tela dos sonhos, para mostrar-lhe a futilidade de certas coisas. Você não sabia que podíamos fazer isso? A força dos chamados mortos no sentido de influenciar os vivos é imensa, desde que um vínculo de simpatia tenha sido formado. Eu a ensinei a proteger-se de influências que você pode não desejar; por isso, não tenha medo. Estarei sempre em guarda e lhe avisarei se houver alguma ameaça de influência indesejada vinda deste lado. Já desenhei um anel mágico ao redor de você que só os espíritos mais avançados e fortes poderiam transpor, se o desejassem — isto é, os Instrutores e eu traçamos esse círculo juntos. Você está fazendo o nosso trabalho neste momento e tem direito à nossa proteção. O trabalhador vale o seu salário, é o que se diz em ambos os mundos.

Só você poderia baixar as barreiras para a entrada de inteligências espirituais irresponsáveis; e se você fizesse isso inadvertidamente, nós nos apressaríamos a levantá-las outra vez. Temos alguma autoridade aqui. Sim, mesmo tão cedo posso dizer isso. Causa-lhe surpresa?

Carta 27

A NÃO SER QUE SEJAMOS COMO CRIANCINHAS

Certa vez ouvi um homem referir-se a este mundo como o mundo do folguedo, "porque", disse ele, "somos todos crianças aqui e criamos o ambiente que desejamos". Assim como uma criança brincando pode transformar uma cadeira numa torre ou num corcel impetuoso, assim também nós, neste mundo, podemos tornar real no momento tudo o que imaginamos.

Você nunca ficou surpresa diante da vívida imaginação das crianças? A criança diz sem corar e convicta: "Este tapete é um jardim, aquela tábua no chão é um rio, aquela cadeira é um castelo e eu sou um rei."

Por que ela diz essas coisas? Como *pode* ela dizer essas coisas? Porque — e eis aqui o aspecto importante — ela ainda se lembra subconscientemente da vida aqui, que deixou há tão pouco tempo. Ela levou consigo para a vida da terra algo de sua liberdade perdida e do seu poder de imaginação.

Isso não quer dizer que todas as coisas neste mundo sejam imaginárias — longe disso. Os objetos aqui, objetos que existem na matéria tênue, são tão reais e comparativamente tão substanciais quanto os que você tem aí; mas aqui há a possibilidade de criação, criação numa forma de matéria ainda mais sutil — substância-pensamento.

Se você cria algo na terra na matéria sólida, você a cria primeiramente em substância-pensamento; mas há uma diferença entre a sua e a nossa criação: até ter moldado a matéria sólida em torno do seu padrão de pensamento, você não acredita que este de fato exista salvo em sua própria imaginação.

Aqui, podemos ver as criações-pensamento dos outros se nós e eles quisermos.

Também podemos — e digo isso para o seu bem-estar — ver suas criações-pensamento e, somando a força da nossa vontade à sua, podemos ajudá-la a realizá-las em forma substancial.

Em algumas ocasiões, construímos aqui parte a parte, no mundo quadridimensional, especialmente quando queremos deixar uma coisa para que os outros vejam e fruam, quando queremos que uma coisa sobreviva por um longo tempo. Mas uma forma-pensamento é visível a todos os espíritos altamente desenvolvidos.

Você naturalmente compreende que nem todos os espíritos são altamente desenvolvidos. Com efeito, bem poucos progrediram muito; mas o homem mais obtuso daqui tem algo que a maioria de vocês perdeu — fé em suas próprias criações-pensamento.

Ora, a força que torna possível a criação não se perde para a alma quando esta volta à matéria concreta. Mas o poder é aos poucos vencido e a imaginação, desencorajada pela incredulidade de homens e mulheres maduros, que dizem constantemente à criança: "Isso é só brincadeira; não é verdadeiramente assim; é só imaginação."

Se você imprimir estas cartas, quero que insira aqui fragmentos do maravilhoso poema de Wordsworth "Intimations of Immortality from Recollections of Early Childhood" [Prenúncios de Imortalidade em Recordações da Primeira Infância]:

Our birth is but a sleep and a forgetting;
The Soul that rises with us, our life's Star,
Hath had elsewhere its setting,
And cometh from afar:
Not in entire forgetfulness,
And not in utter nakedness,
But trailing clouds of glory do we come
From God, who is our home:
Heaven lies about us in our infancy!
Shades of the prison-house begin to close
Upon the growing Boy,
But he beholds the light, and whence it flows,
He sees it in his joy;
The Youth, who daily farther from the east
Must travel, still is Nature's Priest,
And by the vision splendid
Is on his way attended;
At lenght the Man perceives it die away,
And fade into the light of common day.

[Nosso nascer não é mais que sonho e esquecimento;/A Alma que conosco se eleva, Estrela de nossa vida,/Teve alhures seu lugar,/E vem de muito além:/Não de todo esquecida,/Nem totalmente nua,/Mas, seguindo a trilha de nuvens de glória, eis que viemos/de Deus, nossa morada:/Os céus estão à nossa volta na infância!/As sombras do cárcere começam a fechar-se/Em torno do menino que cresce,/Mas ele contempla a luz e a fonte de onde ela flui,/Ele a vê na sua alegria;/O Jovem, que diariamente, afastando-se do Oriente,/Deve viajar, ainda é Sacerdote da Natureza,/E pela visão esplêndida/É esperado no seu caminho;/Por fim, eis que o Homem a vê desaparecer,/E confundir-se com a luz do dia comum.

Praticamente não existem limites para a imaginação; mas para usar todo o seu poder, precisamos confiar na nossa imaginação. Se você diz constantemente a si mesmo, tal como a mãe ao filho, "isso é só brincadeira; não é real", nunca poderá tornar reais as coisas que criou em pensamento.

A própria imaginação é como uma criança, e tem de ser encorajada e considerada possível para que possa desenvolver-se e fazer seu trabalho perfeito.

De fato, é uma felicidade para alguns de vocês que eu esteja aqui. Eu posso fazer mais por vocês aqui do que aí, visto que tenho uma fé ainda maior na minha imaginação do que tive antes.

O homem que deu a este lugar o nome de mundo da brincadeira tem feito todo tipo de experiências com a força que tem em si. Não tenho permissão dele para narrar as histórias que ele me conta, mas elas a surpreenderiam. Por exemplo, ele ajudou a mulher, depois de sua chamada morte, a levar a efeito um plano conjunto deles que lhes parecera impossível antes, devido à sua falta de fé real. Estava voltado para a construção de um certo tipo de casa.

Mas não fantasie, achando que a maioria das pessoas aqui está tentando construir casas na terra. Longe disso! A maior parte dos meus companheiros quer trabalhar onde está e deixar a terra entregue a si mesma. Claro que há "sonhadores" como eu, que não estão satisfeitos com o mundo e gostariam de pôr seu dedo nos dois; mas estes são bem raros, como o são os poetas na terra. Para a maioria dos homens, o mundo em que por acaso estão é suficiente no momento.

Há, no entanto, certa fantasia minha cuja realização na terra será muito engraçada para mim mesmo. Vocês podem não saber que eu a estou fazendo, mas eu saberei. Eu não vou "pelo mundo", como vocês dizem, perturbar ninguém, nem sequer com o pensamento de que estou metendo o nariz em assuntos que agora competem às pessoas. Mas se, não sendo visto nem sentido, eu puder ajudar com a força da minha imaginação confiante, malefícios não terão sido causados e eu terei dado mostras de alguma coisa.

Carta 28

UMA ADVERTÊNCIA INESPERADA

Eu lamentaria muito se a leitura destas minhas cartas levasse pessoas tolas e insensatas à caça ao espírito, convidando para a sua esfera humana os espíritos elementais, irresponsáveis e muitas vezes trapaceiros. Diga-lhes que não façam isso.

Dessa maneira, minha vinda por meio da sua mão é uma questão totalmente diferente. Eu não poderia fazer isso se não tivesse sido instruído no método científico de proceder e se você me interrompesse constantemente com pensamentos paralelos e com perguntas, relevantes ou não. É porque você é perfeitamente passiva e nem sequer tem curiosidade, deixando-me usar a sua mão tal como na terra eu teria usado a mão da minha estenógrafa, é por isso que posso escrever frases longas e coesas.

A maioria das comunicações dos espíritos, ainda quando genuínas, têm pouco valor, em decorrência do fato de quase sempre receberem certa coloração da mente da pessoa pela qual passam.

Você está certa em não ler nada sobre o assunto enquanto estas mensagens estão chegando, e em não pensar nada sobre este plano de vida em que me encontro. Assim você evita idéias preconcebidas que interromperiam o fluxo das *minhas* idéias.

Você talvez saiba que, quando eu estive na terra, estudei o espiritualismo, bem como muitas coisas de natureza oculta, procurando sempre a verdade que estava por trás delas; mas eu estava convencido então, e o estou agora mais do que nunca, de que, exceção feita à demonstração científica de que *essas coisas podem existir* — o que, na verdade, só tem valor de demonstração —, a maioria das caças a espíritos é não só uma perda de tempo como um prejuízo absoluto para os que a elas se dedicam.

Isso pode parecer estranho vindo do que vocês chamam de "espírito", um espírito que está de fato neste momento em comunicação com o mundo. Se essa for a reação, nada posso fazer. Se pareço incoerente, pareço; isso é tudo. Mas quero deixar claro que não encorajo a mediunidade irresponsável.

Se uma pessoa que se dispõe a usar a sua mediunidade puder ter certeza de que do outro lado da linha mediúnica há uma entidade que tem algo sincero e importante a dizer e que de fato pode usá-la para dizê-lo, o caso muda de figura; mas o mundo em que estou está cheio de ociosos, como na terra. Como este mundo é povoado principalmente por seres vindos do seu mundo, é inevitável que tenhamos aqui o mesmo tipo de seres que vocês têm aí. Eles não mudaram muito por terem passado pelas portas da morte.

Você aconselharia alguma mulher delicada e sensível a sentar-se no centro do Hyde Park, convidando a multidão que passa a se aproximar e falar por meio dela, tocando-a ou misturando seu magnetismo com o dela? Você treme ao pensar nisso. E tremeria mais se tivesse visto algumas das coisas que eu vi.

E há também outra classe de seres aqui, o tipo que comumente os teosofistas chamam de elementais. Ora, tem-se escrito muita bobagem sobre os elementais; mas uma coisa é verdadeira: há unidades de energia, unidades de consciência, que correspondem muito de perto àquilo que os teosofistas entendem por elementais. Essas entidades não são, de modo geral, muito desenvolvidas; porém, como o estágio da vida na terra é aquele a que elas aspiram e como é este o próximo estágio inevitável de sua evolução, elas sentem por ele uma forte atração.

Assim, não tenha tanta certeza de que a entidade que bate em sua mesa ou no seu armário é o espírito do seu falecido avô. Pode ser apenas uma entidade cega e muito *desejosa*, uma consciência ávida, tentando usar você para apressar sua própria evolução, tentando entrar em você, ou através de você, de modo a aproveitar a terra e suas vibrações mais grosseiras.

Pode ser que essas entidades não lhe façam mal; mas, por outro lado, o mal que venham a causar pode ser muito grande. É melhor desestimular essas tentativas de devassar o véu que a separa delas; porque o véu é mais tênue do que você pensa e, embora não possa ver através dele, você pode sentir através dele.

Tendo dito isto, meus deveres sobre o assunto foram cumpridos; da próxima vez em que vier, poderei contar-lhe uma história, talvez, em lugar de fazer uma palestra.

Sinto-me de fato como uma "Sheerazade das estrelas"; mas receio que você se canse de mim antes de se passarem mil e uma noites. Mil e uma noites! Antes disso, terei seguido adiante. Não, não quero dizer "morrido" outra vez eu outro mundo além; mas quando acabar de lhe contar o que eu quero que você saiba sobre a minha vida aqui, pretendo investigar outras estrelas, se isso me for permitido.

Sou como um jovem que acabou de herdar uma fortuna e dispõe finalmente de meios e oportunidades ilimitadas de viajar. Embora possa ficar perto de casa por alguns meses, organizando as coisas e se acostumando à nova liberdade, chega o momento em que ele vai querer experimentar suas asas. Espero que esta não seja uma metáfora confusa; se for, você pode me corrigir. Não ficarei magoado.

Carta 29

A SÍLFIDE E O MÁGICO

Se os seus olhos pudessem penetrar o véu de matéria, e se você pudesse ver o que acontece no tênue mundo ao redor e acima dessa cidade de Paris, você engoliria em seco de espanto. Tenho passado muito tempo em Paris ultimamente. Posso dizer-lhe algumas das estranhas coisas que tenho visto?

Numa rua da margem esquerda do rio, chamada *Rue de Vaugirard*, vive um homem de meia-idade e de hábitos sedentários que é uma espécie de mágico. Ele está constantemente acompanhado e é servido por um dos espíritos elementais conhecidos como sílfides. Essa sílfide tem por nome Meriline. Não sei de que língua o homem retirou o nome, pois ele parece falar várias e saber hebraico. Vi essa Meriline em suas idas e vindas do apartamento dele. O homem poderia ser identificado, embora a sílfide pudesse furtar-se ao funcionário do censo.

Meriline não faz a cama nem a comida do homem, pois para esse serviço humilde ele tem uma criada; a sílfide realiza algumas tarefas e descobre coisas para ele. Ele é colecionador de velhos livros e manuscritos, e muitos dos seus tesouros foram localizados por Meriline nas barracas que ficam às margens do Sena, bem como em livrarias mais pretensiosas.

Esse homem não é um adorador do demônio. É apenas um entusiasta inofensivo, apaixonado por coisas ocultas, que se esforça para devassar o véu que impede o mundo elemental de ser visto pelos seus olhos. Se tomasse menos aguardente e vinho, ele *poderia* ser capaz de ver com clareza, já que é um verdadeiro estudioso. Mas ele gosta de carne, e esta prejudica o espírito.

Certo dia, encontrei Meriline indo realizar uma de suas tarefas e me apresentei fazendo sinal com as mãos e dizendo o meu nome. Isso atraiu a atenção da sílfide, que se aproximou e parou ao meu lado.

— Para onde você vai? — perguntei; e ela fez um gesto de cabeça querendo dizer que se dirigia à outra margem do rio.

Ocorreu-me que eu talvez não devesse questionar aquela serva do bom mágico com relação aos negócios de seu senhor, e por isso hesitei. Ela também hesitou; e então disse:

— Mas ele está interessado no espírito dos homens.

Isso tornou as coisas mais simples e eu perguntei:

— Você faz as tarefas de que ele a encarrega?

— Sim, sempre.

— Por que você faz isso?

— Porque gosto de servi-lo.

— E por que você gosta de servi-lo?

— Porque eu pertenço a ele.

— Eu pensei que cada alma pertencesse a si mesma.

— Mas eu não sou uma alma!

— Então o que é?

— Uma sílfide.

— Você espera um dia ser uma alma?

— Ah, sim! Ele me prometeu que serei uma alma se o servir fielmente.

— Mas como ele pode fazer de você uma alma?

— Não sei, mas ele o fará.

— Como você sabe que ele o fará?

— Porque confio nele.

— O que a faz confiar nele?

— O fato de ele confiar em mim.

— E você sempre lhe diz a verdade?

— Sempre.

— Quem lhe ensinou o que é a verdade?

— Ele.

— Como?

Isso pareceu intrigar o ser diante de mim, e temi que ela fosse embora; assim, eu a detive dizendo, com toda a rapidez:

— Não quero perturbá-la com perguntas que você não pode responder. Diga-me como você começou a servi-lo.

— Será que devo?

— Então você tem uma consciência?

— Sim, ele me ensinou a ter.

— Mas você diz que ele se interessa pelo espírito dos homens.

— Sim, e também sei distinguir os bons dos maus espíritos.

— Ele lhe ensinou isso?

— Não.

— Como você aprendeu?

— Eu sempre soube.

— Então a sua é uma longa vida?

— Ah, sim!

— E quando você espera ter ou se tornar uma alma?

— Quando ele vier para cá, para este mundo onde estamos.

Fiquei desconcertado pelo que julgava um atrevimento. Estava o bom mágico enganando a sua sílfide ou ele de fato acreditava naquilo que prometia?

— O que ele disse sobre isso? — perguntei.

— Que, se eu o servisse agora, ele me serviria mais tarde.

— E como ele vai fazer isso?

— Não sei.

— E que tal se você lhe perguntasse?

— Eu nunca faço perguntas; eu as respondo.

— Que tipo de perguntas, por exemplo?

— Eu lhe digo onde uma dada pessoa está e o que está fazendo.

— Você pode lhe dizer o que essas pessoas estão pensando?

— Não freqüentemente — ou nem sempre. Às vezes posso.

— E de que maneira pode?

— Pela sensação que me causam. Se fico quente na sua presença, sei que são amigas dele; se fico fria, sei que são suas inimigas. Se não sinto nada, sei que não estão pensando nele ou lhe são indiferentes.

— E a sua tarefa desta noite?

— Ver uma senhora.

— E você não tem ciúme?

— O que é "ciúme"?

— Não lhe desagrada o fato de ele se interessar por senhoras?

— Por que deveria?

Essa era uma pergunta que eu não podia responder, pois não conhecia a natureza das sílfides. Ela me surpreendeu um pouco, porque eu sempre supusera que todos os seres femininos fossem ciumentos. Porém, receando outra vez que ela se fosse, apressei-me a continuar o interrogatório.

— Como você o conheceu? — perguntei.

— Ele me chamou.

— Como?

— Através do encantamento.

— Que encantamento?

— O chamado das sílfides.

— Oh — disse eu. — Ele chamou as sílfides e você veio!

— Sim, claro. Gostei dele pela sua bondade e fiz com que me visse.

— Como você conseguiu?

— Ofusquei-lhe os olhos até que os fechasse e ele então pôde me ver.

— Ele sempre pode ver você?

— Não, mas ele sabe que estou presente.

— Ele ainda pode vê-la de vez em quando?

— Sim, muitas vezes.

— E o que aconteceu quando ele a viu a primeira vez?

— Ele ficou encantado, chamou-me com nomes carinhosos e me fez promessas.

— A promessa de uma alma — daquela primeira vez?

— Sim.

— E então você queria uma alma?

— Ah, sim!

— Mas por quê?

— Muitas de nós querem ser homens. Nós gostamos dos homens — quer dizer, a maioria de nós gosta.

— Por que vocês gostam dos homens?

— Está na nossa natureza.

— Mas não na natureza de todas vocês?

— Há espíritos malignos do ar.

— E o que você vai fazer quando tiver uma alma?

— Assumirei a forma de um corpo e viverei na terra.

— E vai deixar o seu amigo a quem agora serve?

— Ah, não! É para estar com ele que quero especialmente um corpo.

— Então ele vai voltar para a terra com você?

— Assim diz ele.

Mais uma vez, fiquei estupefato. Eu estava ficando interessado por aquele mágico; ele tinha ousadia em termos de imaginação.

Poderia um espírito do ar evoluir em alma humana? — eis a pergunta que me fiz. O homem estava enganado? Ou, mais uma vez, estava enganando sua bela mensageira?

Pensei por um tempo demasiado longo dessa vez, já que, quando me voltei para falar com minha estranha companheira, ela se fora. Tentei segui-la, mas não a pude encontrar; e se ela voltou logo, deve ter sido por algum outro caminho. Embora eu olhasse em todas as direções, ela estava invisível a mim.

Ora, ocorre então a pergunta em sua mente: em que língua falei com aquela serva aérea de um mágico francês? Pareceu-me que eu falava a minha própria língua e que ela parecia responder nela mesma. Como isso é possível? Não posso dizer, a não ser que tenhamos na verdade usado a linguagem sutil do próprio pensamento.

O ser humano, quando encontra uma pessoa cuja língua não fala, muitas vezes pode sentir certo intercâmbio de idéias, pelo olhar, pela expressão facial, pelos gestos. Agora, imagine-se isso centuplicado. Não chegaria às perguntas e respostas simples que troquei com a sílfide? Não digo que chegasse, mas que poderia chegar; porque, como já disse, eu parecia falar e ela responder em minha própria língua.

Que estranhas experiências ocorrem aqui! Tenho um verdadeiro horror de voltar para o mundo, onde passarei por muita coisa enfadonha durante bastante tempo. Será que posso trocar esta liberdade e esta vida cheia de acontecimentos por um longo período de sonolência, seguido de outro em que vou sugar de uma garrafa e depois aprender a multiplicação e os verbos gregos e latinos? Suponho que terei de fazê-lo — mas não já.

Boa-noite.

Carta 30

UM PROBLEMA DE MATEMÁTICA CELESTIAL

Pela vivacidade com a qual sente a minha presença em alguns momentos, você pode avaliar a intensidade da vida que levo. Não sou uma sombra tênue que é levada pelo orvalho. Sou real, e tão íntegro — ou ao menos me parece — quanto o era quando andava na terra num corpo não muito saudável.

Ter-me-ia causado espanto se você tivesse tido medo de mim. Mas há pessoas que teriam medo caso pudessem sentir a minha presença como você sente.

Numa noite, bati à porta do quarto de um amigo, com certa expectativa de que ele me desse as boas-vindas. Ele pulou da cama alarmado, depois voltou para ela e cobriu a cabeça com o cobertor. Ele estava de fato com medo de que pudesse ser eu! Assim, como não quero ser responsável por um ataque cardíaco nem por um distúrbio capilar que, como os cabelos da velha canção, "ficaram brancos num açoite durante uma só noite", fui embora silenciosamente. Ele sem dúvida se convenceu no dia seguinte de que havia ratos nos lambris.

Contudo, se você tivesse tido medo de mim, eu teria tido vergonha de você; porque você conhece mais coisas. A maioria das pessoas não é assim.

É para mim uma verdadeira satisfação voltar e falar com você de vez em quando. "Nada como os velhos amigos", e a companhia de sílfides e espíritos nunca me satisfaria se todos os que conheci e amei virassem as costas para mim.

Por falar em sílfides, encontrei o Instrutor a noite passada e lhe perguntei se aquele mágico francês de que lhe falei poderia de fato cumprir a promessa feita à sua companheira aérea, ajudando-a a adquirir o tipo de alma essencial à encarnação na terra como mulher. Sua resposta foi: "Não."

Claro que lhe perguntei por quê, e ele disse que as criaturas elementais, ou unidades de força que habitam os elementos, como dizemos, não podem, durante este ciclo de vida, sair do seu elemento e entrar no humano.

"E elas poderão fazê-lo um dia?", perguntei.

"Não sei", disse ele; "mas creio que todas as unidades menos evoluídas que estão ao redor da terra estão trabalhando em favor do homem; que o humano é um estágio do desenvolvimento que todas elas atingirão algum dia, mas não neste ciclo de vida."

Perguntei ao Instrutor se ele conhecia o mágico em questão, e ele respondeu que o conhecera há mil anos, esse tempo todo, numa antiga vida; o mágico de Paris pusera os pés no caminho que leva ao poder; mas fora desviado pelo desejo de prazeres egoístas, e por isso terá de percorrer ainda um longo caminho antes de encontrar a senda que leva de volta à verdade real e filosófica.

"Ele deve ser culpado ou merece a nossa piedade?", perguntei.

"A piedade nada tem que ver com o problema", respondeu o Instrutor. "O homem procura aquilo que deseja."

Depois que o Instrutor se foi, fiquei fazendo perguntas a mim mesmo. O que *eu* estava procurando e o que eu desejava? A resposta veio rápida: "Conhecimento." Um ano antes, eu poderia ter respondido "poder", mas o conhecimento é o precursor do poder. Se obtiver conhecimento de verdade, terei bastante poder.

É porque desejo dar a você, e possivelmente a outras pessoas, umas poucas migalhas de conhecimento que poderiam ser inacessíveis a vocês de outra maneira — por causa disso é que estou voltando, e voltando, a cada vez, para falar com você.

O maior dado de conhecimento que tenho a oferecer a você é o seguinte: pelo exercício da vontade, o homem pode conservar sua consciência objetiva depois da morte. Muitas pessoas mergulham aqui numa espécie de bem-aventurança subjetiva que as torna indiferentes ao que está acontecendo na terra ou no céu. Eu pessoalmente não poderia fazê-lo facilmente.

Como eu acho que já disse antes, enquanto o homem na terra tem consciência subjetiva e objetiva, mas funciona principalmente na objetiva, aqui ele continua a ter consciência subjetiva e objetiva, mas a tendência é usar a subjetiva.

Quase a qualquer momento, concentrando-se e observando o seu próprio interior, você pode cair num estado de felicidade subjetiva semelhante àquele que gozam almas deste lado da linha divisória chamada morte. Na realidade, é por meio dessas experiências subconscientes que o homem aprendeu quase tudo o que sabe sobre o mundo etérico. Quando as tormentas e paixões do corpo são aplacadas, o homem pode vislumbrar sua própria vida interior, que é a vida deste plano quadridimensional. Por favor, não me acusem de me contradizer nem de ser obscuro; eu disse que a consciência objetiva é tão possível entre nós quanto a subjetiva entre vocês, mas que a tendência simplesmente é contrária.

Você deve se lembrar do casal de amantes sobre o qual escrevi há algumas semanas. Ele estava aqui havia algum tempo, esperou por ela e ajudou-a a superar a areia movediça que está entre os dois estados de existência.

Vi-os outra vez há alguns dias, mas eles não gostaram nem um pouco do meu aparecimento. Pelo contrário, imagino que os perturbei de alguma maneira ao despertá-los, chamá-los de volta do estado de bem-aventurança subjetiva no qual mergulharam quando ficaram, enfim, juntos.

Enquanto esperava por ela todos aqueles anos, ele se mantinha desperto por meio da expectativa; enquanto estava na terra, ela sempre pensava nele aqui — e isso manteve a polaridade. Agora eles têm um ao outro; estão na "pequena casa" que ele construiu para ela com tanto prazer, empregando os materiais tênues deste tênue mundo; eles vêem o rosto um do outro, quer olhem para dentro ou para fora. Estão felizes; nada têm a alcançar (ou assim diz um ao outro) e, em conseqüência, voltam a mergulhar nos braços da bem-aventurança subjetiva.

Ora, esse estado de bem-aventurança, de ruminação, eles têm o direito de usufruí-lo. Ninguém pode privá-los disso. Eles o conquistaram por sua atividade no mundo e em outros lugares; ele lhes pertence por justiça rítmica. Eles o vão fruir, imagino eu, por um longo tempo, revivendo as experiências passadas que tiveram juntos e separados. Então, um dia, um deles vai ficar farto de tanta doçura; os músculos de sua alma vão se alongar por vontade de fazer exercício; ele ou ela vão dar um suspiro espiritual e, seguindo a lei da reação, vai morrer — para não voltar mais.

Para onde ele ou ela vão? — pergunta você. Ora, de volta à terra, é claro!

Imaginemos um deles despertando desse estado subjetivo de bem-aventurança que conhecem como realização e indo passar por breve período de solidão abençoada e completa. Então, com uma espécie de alerta matinal no coração e no olho, aproxima-se de um casal de amantes terrenos. De repente, o chamado da matéria, o ávido e terrível chamado do sangue e do calor, da atividade elevada à enésima potência, captura a alma semidesperta do lado etérico da matéria.

Ele entrou outra vez no mundo da formação material. Está mergulhado e escondido na carne da terra. Espera o nascimento. Irá com grande força, em razão do seu descanso anterior. Poderá até mesmo tornar-se um "capitão da indústria" se for uma unidade forte. Mas eu comecei dizendo "ele ou ela". Deixe-me mudar. O homem quase certamente será o primeiro a despertar, em razão de sua polaridade positiva.

Ora, ao desenhar esse quadro imaginário do meu casal de amantes, não estou transformando em dogma a maneira pela qual todas as almas voltam à terra. Estou apenas tendo um palpite sobre a volta desses dois (porque ela provavelmente o seguirá de imediato quando despertar e se vir sozinha). E a razão por que imagino que vão voltar dessa maneira é o fato de os dois estarem se permitindo demasiada bem-aventurança subjetiva.

Quando eles vão voltar? Não posso dizer. Talvez o ano que vem, talvez daqui a cem anos. Não sabendo o valor numérico de sua unidade de força, não posso dizer quanta bem-aventurança subjetiva eles podem suportar sem uma reação violenta.

Estou certo de que você fica imaginando se eu algum dia vou mergulhar nesse estado de bem-aventurança que descrevi. Talvez. Acho que vou gostar — mas não por muito tempo e não já. Contudo, não tenho aqui um amor com quem compartilhar esse estado.

Carta 31

UMA MUDANÇA DE FOCO

Com a orientação do Instrutor, nas últimas semanas estive indo à terra e voltando dela, percorrendo-a de alto a baixo. Você sorri diante da referência velada. Mas não é verdade que certos amigos seus estavam com medo de mim, como se eu fosse o demônio do Livro de Jó?

Agora, falando sério, estive visitando países e cidades nos quais vivi e trabalhei entre os homens em vidas passadas. Uma das muitas vantagens da viagem é que ela ajuda o homem a lembrar-se de suas existências passadas. Certamente, há magia nos lugares.

Estive no Egito, na Índia, na Pérsia, na Espanha, na Itália; estive também na Alemanha, na Suíça, na Áustria, na Grécia, na Turquia e em muitas outras terras. Os Dardanelos não estavam fechados para mim recentemente, no período em que, em razão da guerra, você não os teria transposto. Há vantagens em quase todas as condições, inclusive na minha atual condição; porque a lei da compensação não tem exceções.

Em certas vidas do passado, fui um viajante irrequieto.

Ora, você pode se perguntar como passo facilmente deste mundo para o seu, observando os dois. Você porém deve lembrar-se de que o seu mundo e o meu ocupam mais ou menos o mesmo espaço, que o plano da superfície da terra é um dos planos inferiores e mais materiais do nosso mundo, usando-se a palavra "plano" tal como vocês usariam a palavra "camada".

Como eu disse, há também lugares acessíveis a nós que se acham a alguma distância acima da superfície da terra. "Mansões nos céus" é uma expressão mais do que figurativa.

Basta-me uma ligeira mudança de foco, a qualquer momento, para que eu me veja no seu mundo. O fato de eu não poder ser visto aí a olho nu não prova que eu não estou nele. Sem essa mudança de foco, levada a cabo pela vontade e pelo conhecimento do método, eu poderia até ocupar o mesmo espaço de alguma coisa do seu mundo e não saber disso. Atente bem para este ponto, por ser ele apenas metade do que tenho a dizer. A outra metade é que você também pode estar a qualquer momento — no que toca ao espaço — nas proximidades imediatas de coisas interessantes de seu mundo e não saber que está ali.

Mas se se concentrar neste mundo, você terá mais ou menos consciência dele. Assim, quando eu, sabendo de que modo, me concentro no seu mundo, eu estou nele em consciência e posso fruir as variadas visões de muitas cidades, os aspectos em transformação de muitas terras.

No início da minha vida aqui, eu não podia ver muito bem o meu caminho pela terra, mas agora vejo-o melhor.

Não, eu não vou dar-lhe uma fórmula, a ser dada, por sua vez, a outras pessoas, com a qual você ou elas possam mudar de foco à vontade e entrar em relação com este mundo, porque esse conhecimento, no atual estágio do progresso humano, faria mais mal do que bem. Eu simplesmente afirmo o fato e deixo a aplicação a quem tiver a curiosidade e a capacidade de demonstrá-lo.

Meu objetivo ao escrever estas cartas é primeiramente convencer algumas pessoas — fortalecer sua certeza do fato da imortalidade, ou da sobrevivência da alma depois da mudança corporal que recebe o nome de morte. Há muitos que julgam crer que não têm certeza de se crêem ou não. Se nestas cartas eu puder fazer sentir minha presença como entidade viva e vital, isso terá o efeito de fortalecer a crença de certas pessoas na doutrina da imortalidade.

Esta é uma era materialista. Grande parte dos homens e das mulheres não têm interesse real na vida de além-túmulo. Mas todos eles terão de vir para cá cedo ou tarde, e talvez alguns achem a mudança mais fácil, a jornada menos chocante, em razão daquilo que lhes terei ensinado. Não vale a pena? Não vale um pouco de esforço de sua parte e da minha?

Qualquer pessoa que, aproximando-se da grande mudança, estudar seriamente estas cartas e guardar seus princípios, e que além disso deseje lembrar-se delas depois do seu passamento, não precisa temer coisa alguma.

Todos fracassamos em muitas coisas que empreendemos, mas espero não fracassar nesta. Não fracasse também. Eu não poderia realizar este trabalho sem você, nem você o poderia sem mim. Digo isso em resposta à suposição de que eu sou a sua mente subconsciente.

Estive em Constantinopla e fui ao aposento em que um dia tive uma notável experiência, há centenas de anos. Vi as paredes, toquei-as, li os registros etéricos de sua história e da minha própria história relacionadas com elas.

Percorri os jardins de rosas da Pérsia e senti o cheiro das flores — as avós, separadas centenas de vezes, das rosas cuja fragrância foi um êxtase para mim quando, observando com o rouxinol, passeei ali em outra forma e com intenções diferentes das que tenho agora. Foi o perfume das rosas que me fez lembrar.

Na Grécia, também vivi os velhos dias. Antes de seu declínio começar, que civilização foram os gregos! Creio que a concentração foi o segredo do seu poder. O éter que cerca aquela península está marcado pelos seus empreendimentos, na ousadia do pensamento e da ação. Os velhos registros etéricos estão de tal modo vívidos que brilham nos últimos escritos; porque você tem de saber que os chamados registros astrais ficam camada sobre camada em toda parte. Interpretamos uma camada em vez de outra, seja por afinidade ou por vontade. Não é mais estranho do que o fato de um homem poder, entre os milhões de volumes do Museu Britânico, selecionar aquele que deseja. As coisas mais maravilhosas sempre têm uma explicação simples quando dispomos da chave para desvendar seu segredo.

Têm-se escrito muitos disparates acerca da vibração, mas, mesmo assim, a verdade se encontra nas proximidades. Onde há tanta fumaça tem de haver fogo.

Na Índia, encontrei iogues em meditação. Você sabe por que sua maneira peculiar de respirar produz resultados paranormais? Não, não sabe. Deixe-me dizer-lhe: quando se retém a respiração por muito tempo, um certo — posso dizer veneno? — é produzido no corpo, veneno que, agindo sobre a natureza mediúnica, muda a vibração. Isso é tudo. Escreveram-se volumes sobre o ioga; mas algum deles disse isto? Os pulmões saudáveis não treinados, no seu funcionamento normal, livram-se desse veneno mediante processos conhecidos dos fisiólogos — isto é, no homem natural, ajustado ao plano material e que age contente nele. Mas, para que um homem que ainda vive no plano material se ajuste ao mundo paranormal, faz-se necessária uma mudança de vibração. Essa mudança de vibração pode ser produzida por uma ligeira dose elevada do veneno acima mencionado. Isso é perigoso? Sim, para o ignorante. Para quem conhece o seu uso, esse veneno não é mais perigoso do que a maioria das drogas da farmacopéia.

De outra vez, vou falar-lhe sobre outros segredos que descobri indo à terra e voltando dela, e andando nela de um lado para outro.

Carta 32

CINCO RESOLUÇÕES

Instalei-me à noite no telhado de um palácio oriental e observei as estrelas. Vocês que podem ver o mundo invisível ao mudar de foco podem facilmente compreender como eu, por um processo contrário, posso ver o mundo da matéria densa. Sim, é a mesma coisa, mas ao contrário.

Instalei-me no telhado de um palácio oriental e observei as estrelas. Nenhum mortal estava perto de mim. Olhando a cidade adormecida, vi a nuvem de almas em vigia acima dela, vi mensageiros indo e vindo. Uma ou duas vezes, um rosto abatido e meio assustado aparecia entre as nuvens de espíritos e eu sabia que, lá embaixo na cidade, alguém morrera.

Mas eu já vira tantos espíritos desde que vim para cá que

tinha mais interesse em observar as estrelas. Eu costumava amá-las — ainda as amo. Um dia, se me for permitido, espero saber mais sobre elas. Mas não posso deixar as cercanias da terra até terminar estas cartas. Se estiver afastado da terra pela distância que a separa do planeta Júpiter, talvez eu não possa escrever. É verdade que se pode ir e vir, quase com a rapidez do pensamento; mas algo me diz que é melhor adiar por um tempo minhas viagens mais longas. Talvez, quando eu sair para lá, eu não queira voltar por um bom tempo.

Esta correspondência com a terra significa muito para mim. Durante a minha doença, eu costumava imaginar se poderia voltar às vezes, mas nunca imaginei alguma coisa assim. Eu não teria julgado possível encontrar uma pessoa equilibrada e responsável com audácia suficiente para se juntar a mim na experiência.

Eu não poderia ter escrito por meio da mão de uma pessoa com a mente não-treinada, a não ser que ela estivesse totalmente hipnotizada. Eu não poderia ter escrito com a mão de um intelectual típico porque essas pessoas não podem adotar uma atitude suficientemente passiva.

Fique em paz. Você não é um médium de espíritos, usando a palavra no seu sentido comum, que significa instrumento passivo, uma harpa eólia, posta numa abertura entre os dois mundos e tocada por todo vento que sopra.

Exceto como exemplo do fato de que isso é possível, não há grande sentido em eu lhe falar das coisas que vi no seu mundo desde que vim para este outro mundo. Da próxima vez que você olhar para este plano da vida e vir as maravilhosas paisagens e pessoas, lembre-se de que é de maneira semelhante que eu vejo o seu plano de existência. É interessante viver em dois mundos, indo e vindo à vontade. Mas quando entro no seu mundo, faço-o apenas como visitante, e nunca tentarei pôr o dedo em seus negócios. É tão rigorosa a alfândega que fica na fronteira entre os dois mundos, que quem se movimenta de um para o outro lado não pode levar coisa alguma consigo — nem mesmo preconceitos.

Se vier aqui determinada a ver apenas certas coisas, você poderá avaliar de maneira errônea aquilo que vir. Muitos chegaram aqui com essa atitude mental quando morreram, tendo por conseguinte aprendido pouca coisa ou nada. É o viajante de mente receptiva que faz descobertas.

Eu trouxe comigo apenas umas poucas resoluções:

Preservar a minha identidade;

Conservar a lembrança da vida na terra e trazer de volta a memória desta vida quando voltar ao mundo;

Ver os grandes Mestres;

Resgatar as lembranças das minhas encarnações passadas;

Assentar os fundamentos necessários a uma grande vida na terra quando eu voltar da próxima vez.

Isso parece simples, não? Já fiz muita coisa além disso. Mas se não tivesse conservado esses pontos em mente, eu poderia ter conseguido pouco.

A única coisa realmente triste com relação à morte é o fato de o homem médio aprender tão pouco com ela. Só o meu conhecimento de que a cadeia de vidas na terra é relativamente interminável poderia evitar que eu lamentasse o fato de muitas pessoas progredirem tão pouco em cada vida. Mas eu me consolo com a certeza de que não há pressa, de que as pérolas da corrente da existência, embora pequenas, estão todas no seu devido lugar e de que a cadeia é um círculo, o símbolo da eternidade.

E tenho a impressão, com a minha visão ainda finita, de que a maioria dos homens deste lado desperdiça a vida tal como o faz do seu lado. Isso mostra como ainda estou longe do conhecimento ideal.

Vistos da perspectiva das estrelas, de onde espero algum dia vê-los de fato, todos esses claros na paisagem da vida podem ser suavizados pela distância, e todo o quadro pode passar a ter uma perspectiva de beleza com que nem sequer sonhei enquanto não passava de uma pincelada na tela.

Carta 33

A PARTIDA DE LIONEL

Perdi o meu filho, Lionel. Ele se foi — eu começava a dizer, seguiu o destino da carne, mas tenho de rever a imagem e dizer o destino de todos os espíritos, cedo ou tarde, e esse destino é voltar à terra.

Um dia, há não muito tempo, vi-o absorto em pensamentos no nosso local de descanso favorito, a pequena cabana ao lado do regato no sopé de uma colina coberta de árvores, local de que lhe falei em uma de minhas cartas anteriores.

Esperei algum tempo até o menino abrir os olhos e olhar para mim.

— Pai — disse ele —, minha professora favorita vai se casar amanhã.

— Como você sabe? — perguntei.

— Ora, estive ouvindo! — respondeu ele. — Sempre que volto eu a visito, embora ela não saiba que eu estou ali. Eu vinha percebendo que havia algo no ar.

— Por quê?

— Porque ela anda irradiando muita luz; há ao redor dela uma luminosidade que não havia antes.

— O que fez essa luz aparecer, Lionel?

— Bem, suponho que ela está, como eles dizem, *apaixonada*.

— Você é uma criança extraordinariamente esperta — eu disse.

Ele me olhou com seus olhos grandes e honestos.

— Na verdade, eu nada tenho de criança — respondeu ele. — Sou velho como as colinas, como você ou como qualquer um. Você não me disse que somos todos imortais, sem começo nem fim?

— Sim, mas continue, fale-me de sua professora.

— Ela está apaixonada pelo irmão mais velho de um dos amigos que brincam comigo. Eu o conheci quando garotinho. Ele me deixou usar o seu ímã e me ensinou a empinar papagaio, e também me mostrou como as máquinas funcionam. Ele é engenheiro.

— Oh! — eu disse. — Nesse caso, é claro, você está feliz que sua professora favorita vá desposá-lo.

Os olhos de Lionel estavam maiores do que nunca quando ele disse:

— Lamento ter de deixá-lo, Pai; mas é uma oportunidade que não posso me dar o luxo de perder.

— Como?

— É a minha oportunidade de voltar. Estou esperando por isso há muito tempo.

— Mas você está pronto?

— O que é estar pronto? Eu *quero* ir.

— E me deixar?

— Depois eu o encontro outra vez. E ó Pai, quando você voltar, serei mais velho.

Essa idéia parecia deliciá-lo.

Eu ainda era humano o bastante para lamentar o fato de o menino estar indo por sua própria vontade; contudo, como a vontade *é* livre, eu não faria nenhum esforço para detê-lo. Embora jovem, naquela forma que ainda não tivera tempo de desenvolver-se no mundo tênue desde que chegara como criança, ele era velho em pensamento.

— Sim — eu disse. — Talvez você possa me ajudar quando eu voltar a ser criança.

— Veja — prosseguiu ele. — Com um pai como Victor, aprenderei tudo o que quero saber sobre máquinas — isto é, tudo o que ele pode me ensinar; mas quando estiver crescido, descobrirei por mim mesmo muitas coisas que ele não conhece. Você se lembra da maquininha com que tenho trabalhado no mundo dos padrões?

— Sim.

— Quando voltar para a terra, vou torná-la uma realidade. Ora, na verdade ela gira agora com a eletricidade que vem dos meus dedos!

— Mas será que, quando você a tiver fixado em forma material, em aço ou no que quer que venha a ser usado, ela vai funcionar assim?

— Claro que sim. Esta é a minha invenção. Serei um homem famoso.

— Mas suponha que alguém a descubra antes.

— Não creio que alguém vá fazê-lo.

— Posso ajudá-lo a pôr um feitiço no padrão para que ninguém possa tocar nele?

— Você poderia fazer isso, Pai?

— Creio que sim.

— Então — disse ele —, vamos fazer isso já. Posso ter de ir-me deste mundo num dia ou dois.

Não pude deixar de rir da pressa do menino. Ele sem dúvida estaria presente ao casamento, e eu pouco ou nada saberia dele a partir de então.

Fomos ao mundo dos padrões e, com a ajuda dele, desenhei um círculo ao redor da maquininha — um encantamento que, creio eu, vai protegê-la até que ele esteja pronto a declarar-se seu inventor.

Ó inspiração! Ó invenção! Gênio! Os homens da terra sabem pouco do sentido destas palavras. Talvez o famoso poema do poeta tenha sido cantado antes do seu nascimento; talvez a invenção do engenheiro estivesse no mundo dos padrões, protegida pelo seu encantamento, até que ele se tornasse adulto e avançasse no conhecimento científico, ficando, assim, pronto a declarar sua a criação que antes gerou espiritualmente. Pode ser que, quando dois homens descobrem ou inventam a mesma coisa mais ou menos ao mesmo tempo, um tenha conseguido apropriar-se do projeto que o outro deixou atrás de si ao voltar para a terra. Algumas vezes, quem sabe, os dois, do plano invisível, tomam a criação de um terceiro homem, que ainda espera o renascimento.

Lionel falou-me sobre a vida por vir e disse que a senhorita ____ seria uma excelente mãe. Ela sempre fora boa com ele.

— Talvez — eu disse — muitos de nós que retornam quase imediatamente, como você espera fazer, procurem os que foram bons com eles numa vida passada.

— Há outro aspecto — disse Lionel. — A senhorita ____ é

amiga da minha mãe, a que deixei há alguns anos. Seria muito bom que ela me pegasse outra vez pela mão.

— Você acha que ela irá reconhecê-lo? — perguntei.

— Quem sabe? Ela acredita em renascimento.

— Como você pode dizer isso? Você era tão pequeno quando veio!

— Eu tinha sete anos, e ela já me dissera que vivemos muitas vidas na terra.

— Benditas as almas que levaram pela primeira vez essa crença ao mundo ocidental! — exclamei. — E agora, meu menino, há algo que eu possa fazer por você antes de você me deixar?

— Sim, claro, você pode acompanhar os passos da minha nova mãe e adverti-la se algum perigo a ameaçar ou me ameaçar.

— Então faça-me conhecê-la agora.

Fomos ao mundo material, o menino e eu. Eu já lhe disse de que maneira fazemos isso.

Ele me levou a uma pequena casa num dos bairros residenciais de Boston. Entramos num quarto — eram então cerca de onze horas da noite naquela parte da terra — e vi uma jovem bonita, ajoelhada ao lado da cama pedindo a Deus que Ele abençoasse a futura união que a entregaria ao homem que amava.

Lionel aproximou-se da jovem e passou os braços ao redor do pescoço dela.

Ela pareceu ter levado um susto, como se tivesse sentido de fato o contato, e ficou de pé.

— Senhorita ——, senhorita ——, você me conhece? — exclamou ele; mas, embora eu o pudesse ouvir, ela evidentemente não o podia, ainda que olhasse ao redor com um ar meio assustado.

Então, supondo que o toque e a presença que sentira eram imaginários, ela mais uma vez ajoelhou-se e prosseguiu a oração que interrompera.

— Venha — eu disse ao menino; e nós a deixamos com seus sonhos e com sua fé.

Foi essa a última vez que vi Lionel. Ele me disse adeus, dizendo:

— Ficarei perto dela por uns dias. Talvez eu fique indo e vindo, de você para ela e dela para você; mas se eu não voltar, encontrarei você outra vez daqui a alguns anos.

— Sim — eu disse —, é a afinidade e o desejo que aproximam as almas, tanto na terra como no outro mundo.

Na vez seguinte em que encontrei o Instrutor, falei-lhe sobre Lionel, perguntando-lhe se ele julgava que o garoto poderia vir me ver de vez em quando depois que sua vida na terra tivesse começado, como entidade não nascida sob o abrigo da forma de sua mãe.

— Provavelmente não — respondeu ele. — Se fosse uma alma avançada, poderia; mesmo para uma alma de desenvolvimento bastante elevado, porém, sem o conhecimento típico da alma em estágio avançado, isso seria impossível.

— Contudo — eu disse — homens que vivem na terra aparecem aqui em sonhos.

— Sim, mas quando a alma entra na matéria, preparando-se para o renascimento, ela entra na potencialidade, se podemos usar esse termo, e toda a sua energia é necessária no esforço hercúleo de formar o novo corpo e ajustar-se a ele. Depois do nascimento, quando os olhos se abrem e os pulmões se expandem e processam o ar, a tarefa é mais fácil, e pode sobrar energia a ponto de fazer a transposição.

— Mas — prosseguiu ele — as que estão prestes a ser mães com freqüência são vagamente conscientes das almas que abrigam. Mesmo quando não apreendem a plena significação do milagre que está sendo realizado por meio delas, elas têm estranhos sonhos e visões, que na maioria das vezes são vislumbres das encarnações passadas da criança não-nascida. Vêem países oníricos nos quais a entidade que se acha em seu interior viveu no passado; sentem desejos que não podem explicar — desejos refletidos, que são apenas os anseios latentes do não-nascido; sentem medos infundados que são expressão de seu antigo assombro e pavor. A mãe que nutre uma alma verdadeiramente grande pode, durante esse período de formação, crescer espiritualmente num nível que ultrapassa suas próprias possibilidades de realização sem ajuda; ao passo que a mãe de um criminoso não-nascido com freqüência desenvolve inclinações estranhas e perversas, incompatíveis com seu estado mental normal.

Uma mulher suficientemente inteligente e informada poderia avaliar, considerando seus próprios sentimentos e idéias, que tipo de alma será seu filho um dia, bem como preparar-se para guiá-lo de acordo com isso. É necessário um maior conhecimento, nesse aspecto como em todas as coisas.

Assim, como sucede em todas as minhas experiências, aprendi algo com o passamento de Lionel.

Carta 34

O SER FORMOSO

Sim, tenho visto anjos, se por anjos você entende seres espirituais que nunca habitaram a terra como homens.

Assim como um homem é para a pedra, assim é um anjo para um homem na força de sua vida. Se já tivemos esse estado de júbilo etérico, nós o perdemos em virtude de uma longa associação com a matéria. Poderemos um dia recuperá-lo? Talvez. Isso está nas nossas mãos.

Posso falar-lhe daquele a quem chamo o Ser Formoso? Se ele tem um nome no céu, eu não o ouvi. É o Ser Formoso homem ou mulher? Às vezes, parece ser um, às vezes o outro. Há aqui um mistério que não posso desvendar.

Uma noite, eu parecia estar reclinado sobre os raios do luar

— o que significa que o poeta que habita todos os homens estava desperto em mim. O êxtase me enchia o coração. Naquele momento, eu escapara aos grilhões do Tempo e estava vivendo na quietude etérica que é apenas a atividade do enlevo alçada à última potência. Devo ter estado fruindo uma antevisão do estado paradoxal que os sábios do Oriente chamam de Nirvana.

Eu estava vividamente consciente dos raios do luar e de mim mesmo, e *em* mim mesmo parecia estar tudo o que existe no universo. Foi o mais perto que já cheguei da compreensão da declaração suprema "*eu sou*".

O passado e o futuro pareciam igualmente presentes no momento. Tivesse uma voz murmurado que era ontem, eu teria concordado com a afirmação; se me tivessem dito que eu estava um milhão de anos à frente, eu também teria assentido. Mas o ter sido de fato ontem ou daqui a um milhão de anos é o que menos importava. Talvez o Ser Formoso só apareça àqueles para quem o momento e a eternidade são uma só e mesma coisa. Ouvi uma voz dizer:

"Irmão, sou eu."

Não havia dúvidas na minha mente sobre quem havia falado. "Sou eu" só pode ser enunciado naquela voz por alguém cuja individualidade é tão grande a ponto de ser quase universal, alguém que mergulhou no oceano do Todo, mas que conhece o infinitesimal em razão do seu próprio caráter abrangente.

Parado à minha frente estava o Ser Formoso, radiante em sua luz própria. Se ele fosse menos encantador, eu poderia ter engolido em seco de espanto; mas a própria perfeição de sua forma e presença difundia uma atmosfera de calma. Não fiquei encantado porque o meu estado de consciência *era* o próprio encanto. Eu fora elevado tão acima do comum, que não contava com padrões com que medir a experiência daquele momento.

Imagine a juventude imortalizada, o transitório eternizado. Imagine o florir de um rosto de criança e os olhos de eras de conhecimento. Imagine o brilho de mil vidas concentrado naqueles olhos, e o sorriso nos lábios de um amor tão puro que não pede amor em contrapartida daqueles a quem se dirige.

Mas as palavras dos homens não podem descrever o não-terreno, nem pode o entendimento do homem apreender num momento os júbilos que o Ser Formoso me revelou naquela hora de vida suprema. Porque as possibilidades de existência foram ampliadas para mim, os sentidos da alma se aprofundaram. Quem contempla o Ser Formoso jamais continua a ser o mesmo. Pode esquecer por um tempo e perder no azáfama da vida a magia dessa presença; contudo, sempre que se lembrar, será apanhado outra vez pelas asas daquele enlevo inicial.

Isso pode acontecer com quem vive na terra; pode ocorrer a quem está no espaço entre as estrelas; mas a experiência tem de ser a mesma quando acontece a todos. Porque só a alguém no estado no qual *ele* habita pode o Ser Formoso revelar-se.

UMA CANÇÃO DO SER FORMOSO

Quando ouvir um rumor no ar, escute outra vez: pode haver algo presente.

Quando sentir um calor misterioso e belo no coração, pode haver algo presente, algo que lhe foi enviado de uma fonte cálida e bela.

Quando uma alegria desconhecida enche o seu ser, e sua alma se afasta, se afasta ... rumo a algum mistério amado, você ignora onde, saiba que o próprio mistério está vindo na sua direção com braços calorosos e belos, embora invisíveis.

Nós que vivemos no invisível não somos invisíveis uns aos outros.

Há aqui cores delicadas e formas encantadoras, e o olho exulta com belezas nunca vistas sobre a terra.

Oh, a alegria da vida simples — ser e cantar na alma o dia inteiro, tal como o pássaro canta para o parceiro!

Porque você canta para o parceiro sempre que a sua alma canta.

Você imaginou que foi apenas a primavera que o inspirou e o levou a ouvir o ruflar de asas?

A primavera do coração existe o tempo inteiro, e o outono talvez nunca venha.

Ouça! Quando a cotovia canta, ela canta para você. Quando as águas cantam, cantam para você.

E quando o seu coração se rejubila, há sempre outro coração em algum lugar que responde; e a alma dos céus que ouvem fica feliz com a mãe alegria.

Estou feliz por estar aqui, estou feliz por estar aqui. Há beleza onde quer que eu vá.

Vocês sabem a razão, filhos da terra?

Venham e dancem comigo nos campos de margaridas do espaço. Esperarei por vocês no ponto em que os quatro ventos se encontram.

Vocês não vão se perder no caminho se seguirem o brilho que está no final do jardim da esperança.

Também há música além do ruído da terra em seu movimento pelo espaço:

Há música em notas desconhecidas dos ouvidos menos desenvolvidos da terra, bem como harmonias cujas cordas são almas em sintonia umas com as outras.

Escutem... Vocês as ouvem?

Oh! Os ouvidos são feitos para ouvir e os olhos para ver, e o coração é feito para amar!

As horas passam e não deixam marcas, e os anos são como sílfides que dançam no ar e não deixam pegadas; e os séculos marcham solenes e lentos.

Mas nós sorrimos, porque a alegria também está no solene fio dos séculos.

Alegria, alegria em toda parte. Alegria para vocês e para mim, e para vocês tanto quanto para mim.

Vocês vão ao meu encontro ali, onde os quatro ventos se encontram?

Carta 35

A ESFERA OCA

Comecei a escrever-lhe há algum tempo sobre certas visitas que fiz às regiões infernais; mas recebi um chamado e a carta não terminou. Retomo agora o assunto.

Você deve saber que há muitos infernos, e que eles são feitos, na maioria das vezes, por nós mesmos. Trata-se de uma das banalidades que se baseiam em fatos.

Querendo um dia ver o tipo particular de inferno para o qual um beberrão provavelmente iria, investiguei a parte da esfera oca que circunda o mundo correspondente a um dos países em que o hábito de beber em demasia é mais comum. Quando vêm para cá, as almas de modo geral continuam nas proximidades do lugar em que viveram, exceto se houver alguma razão forte em contrário.

Não tive dificuldade para encontrar um inferno cheio de beberrões. O que você imagina que eles estavam fazendo? Arrependendo-se dos seus pecados? De modo algum. Eles pairavam pelos lugares da terra em que os vapores do álcool, assim como os vapores mais pesados daqueles que abusam dessa substância, tornam a atmosfera irrespirável. Não admira que as pessoas sensíveis não gostem da proximidade das casas em que se servem bebidas.

Você se retrairia com desgosto e se recusaria a escrever para mim caso eu lhe contasse tudo o que vi. Um ou dois exemplos serão suficientes.

Pus-me num estado simpático e neutro, de maneira a poder ver em ambos os mundos.

Um jovem de olhos inquietos e rosto perturbado entrou num desses "palácios do álcool" em que o mogno falso cheio de brilho e polido ao extremo tende a infundir no pobre cliente a idéia de que ele frui o luxo dos "reinos deste mundo". As roupas do jovem estavam puídas e seus sapatos, bastante gastos. Em seu queixo via-se a barba em ponta, porque o preço para fazer a barba é o preço de um aperitivo e o homem escolhe aquilo que mais deseja — quando pode consegui-lo.

Ele estava encostado no balcão, bebendo um copo de alguma coisa que acaba por destruir a alma. Próximo dele, mais alto e inclinando-se sobre ele, com seu rosto repulsivo, pustulento e espectral junto ao seu, como que para aspirar sua respiração maculada pelo uísque, estava um dos mais horríveis seres astrais que eu já vi neste mundo desde que vim para cá. As mãos da criatura (e uso esta palavra para sugerir sua vitalidade), as mãos da criatura seguravam a forma do jovem, um braço longo e desnudo ao redor dos seus ombros, e o outro ao redor dos seus quadris. Ela sugava literalmente a vida encharcada de bebida de sua vítima, absorvendo-o, usando-o, na tentativa bem-sucedida de fruir vicariamente a paixão que a morte intensificara.

Mas essa era uma criatura que estava no inferno? — perguntará você. Sim, pois eu podia ler-lhe a mente e perceber-lhe o sofrimento. Essa entidade estava eternamente (a palavra "eternamente" pode ser aplicada àquilo que parece interminável) condenada a ansiar e cada vez mais sem nunca se satisfazer.

E o jovem que se encostava no balcão daquele palácio do álcool cheio de falso brilho estava tomado por um horror inominável e procurava deixar o lugar; mas os braços da coisa que era agora o seu senhor o seguravam cada vez mais fortemente, tendo o rosto úmido e vaporoso cada vez mais próximo do seu; o desejo da vampiresca criatura despertou um desejo correspondente em sua vítima, e o jovem pediu outro copo.

Na verdade, a terra e o inferno são estados fronteiriços, e a fronteira nunca foi estabelecida.

Vi infernos de luxúria e infernos de ódio; infernos em que não era possível confiar em nada, em que todo objeto que o infeliz que lá habitasse tentava pegar se transformava na negação da coisa desejada; infernos em que a verdade era objeto eterno de zombaria e nada era real, em que tudo — tão mutável e incerto quanto a eterna desconfiança — vinha a ser a sua própria antítese.

Vi as faces angustiadas daqueles que ainda não haviam renunciado às mentiras, testemunhei seus esforço frenético por apreender a realidade, que se desmanchava ao ser alcançada por eles. Porque o hábito da mentira, quando levado a esse mundo de formas mutáveis, cerca o mentiroso com imagens sempre em transformação que deles zombam e a eles se furtam.

Esteja alerta quanto ao arrependimento no leito de morte e quanto a colher no futuro de lembranças mórbidas. É melhor entrar na eternidade arrastando com coragem o karma que nos cabe do que fazê-lo sub-repticiamente pelas portas traseiras do inferno, na triste ilusão de uma covardia lamentável.

Aquele que pecou deve aceitar o fato com coragem e decidir não mais pecar; mas aquele que se deitar sobre seus pecados no último momento revivê-los-á repetidamente no estado de além-túmulo.

Todo ato é seguido de sua reação inevitável; toda causa é acompanhada pelo seu próprio efeito, que nada — salvo a vigorosa dinâmica da própria Vontade — pode modificar; e quando a Vontade modifica o efeito de uma causa antecedente, ela o faz sempre por meio do estabelecimento de uma causa contrária à primeira e mais forte do que ela, uma causa tão forte, que a outra é irresistivelmente levada por ela de roldão, da mesma maneira como uma grande inundação pode varrer uma pequena corrente de água causada por uma torneira aberta, levando a causa dessa corrente, a torneira, e seu efeito, a corrente, com a caudalosa torrente por ela mesma produzida.

Se você reconhecer o fato de que pecou, plante boas ações mais fortes do que os seus pecados e colha a recompensa por elas.

Há muito mais a dizer sobre infernos, mas isso basta por esta noite. Poderei voltar ao assunto em outra ocasião.

Carta 36

UMA XÍCARA DE PORCELANA CHINESA VAZIA

Não é surpreendente que as crianças, por mais velhas e experientes que sejam suas almas, tenham de reaprender em cada vida os valores relativos de todas as coisas de acordo com os padrões artificiais do mundo; porque aqui esses valores perdem o sentido.

O fato de uma alma ter tido casas, terras e honras entre os homens não lhe aumenta o valor aos nossos olhos. Não podemos alimentar a esperança de ter algum proveito de suas riquezas deixadas na terra. A alma, no "além", constrói sua própria casa, e os materiais para fazê-lo são gratuitos como o ar.

Se uso a casa que outro construiu, perco o prazer de criar a minha.

Nada existe aqui que valha a pena roubar, razão por que ninguém treme de medo dos ladrões à noite. Podemos até mesmo escapar das pessoas aborrecidas retirando-nos para o centro de nós mesmos, pois a pessoa chata é ela mesma demasiado centrada em si mesma para conseguir penetrar no centro de qualquer outra pessoa.

Na terra, valorizam-se os títulos, herdados ou adquiridos; aqui, o nome do homem não tem muita importância nem para ele mesmo, e um cartão de visita se perderia nas rachaduras do chão do céu. Nenhum anjo mensageiro o entregaria ao seu Senhor e Mestre.

Um dia, encontrei uma senhora recém-chegada. Ela ainda não estava aqui tempo suficiente para perder o ar de superioridade sobre os homens comuns e os anjos. Naquela manhã, eu envergava a minha melhor toga romana, pois estivera revivendo o passado; e a senhora, confundindo-me com César ou algum outro aristocrata antigo, pediu-me que lhe indicasse um lugar em que se congregavam as damas.

Fui forçado a admitir que não conhecia nenhum lugar do gênero; porém, como a visitante parecesse solitária e espantada, convidei-a a ficar comigo por algum tempo e a me fazer perguntas, se o desejasse.

— Estou aqui há vários meses — eu disse — e ganhei uma considerável experiência.

Estava claro que ela ficara intrigada com a minha observação. Deu uma olhada em minhas vestes clássicas e pude sentir seu pensamento de que havia algo incongruente entre estas e a minha afirmação de que estava aqui há apenas alguns meses.

— Talvez o senhor seja um ator — disse ela.

— Somos todos atores aqui — repliquei.

Isso pareceu deixá-la mais intrigada do que nunca, e ela afirmou que não compreendia. Pobre senhora! Senti pena dela e tentei fazer o melhor para explicar-lhe as condições sob as quais vivemos.

— A senhora precisa saber em primeiro lugar — disse eu — que esta é a terra dos ideais realizados. Ora, um homem que sempre quis ser rei pode representar o papel aqui, se o desejar, e ninguém rirá dele; porque cada espírito tem algum sonho que realiza de acordo com o seu próprio desejo.

— Aqui, madame — continuei —, readquirimos a tolerância e a cortesia das crianças, que nunca ridicularizam as brincadeiras umas das outras.

— O céu é só um lugar de brincadeiras? — perguntou ela, num tom chocado.

— De maneira nenhuma — respondi. — Mas a senhora não está no céu.

Seu olhar de apreensão me fez acrescentar de imediato:

— Nem no inferno. Qual era a sua religião na terra?

— Ora, eu professava a religião comum de meu país e de minha condição; mas nunca pensei muito nela.

— Talvez a idéia do purgatório não lhe seja estranha.

— Não sou papista — disse ela, com algum ardor.

— Mesmo assim, um papista, na sua posição, se imaginaria no purgatório.

— Eu por certo não estou feliz — admitiu ela — porque tudo é muito estranho.

— A senhora não tem amigos aqui? — perguntei.

— Devo ter muitos conhecidos — disse ela. — Mas nunca me incomodei com ter amizades íntimas. Eu costumava receber muitas pessoas em casa; a posição política do meu marido o exigia.

— Talvez haja alguém deste lado com quem a senhora foi

especialmente gentil em algum momento, alguém cuja dor a senhora ajudou a suportar, cuja pobreza minorou.

— Patrocinei entidades religiosas.

— Temo que esse tipo de ajuda seja demasiado impessoal para ser lembrado aqui. A senhora não tem filhos?

— Não.

— Nenhum irmão ou irmã neste lado?

— Briguei com meu único irmão porque tive, quando casada, uma posição inferior à dele.

— Mas por certo — eu disse — a senhora deve ter tido uma mãe. Ela não estava à sua espera em sua chegada?

— Não.

Isso me surpreendeu, pois me haviam dito que todos os espíritos de mães que não tinham voltado para a terra sabem por uma vibração peculiar quando um filho seu está para renascer no mundo espiritual — uma espécie de pós-parto simpático, a recompensa final e mais doce da maternidade.

— Então ela deve ter reencarnado — eu disse.

— O senhor segue essa crença pagã? — inquiriu a senhora, com um ar de superioridade. — Eu julgava que só pessoas estranhas, teosofistas e coisa do gênero, acreditavam na reencarnação.

— Eu sempre fui estranho — admiti. — Mas a senhora naturalmente sabe, minha cara senhora, que cerca de três quartos dos habitantes da terra conhecem essa teoria em alguma de suas formas.

Continuamos a conversar por mais algum tempo, período no qual eu sondava o meu coração sobre o que poderia fazer para ajudar aquela pobre mulher solitária por quem ninguém estava esperando. Ponderei sobre essa questão e pensei no anjo ministrante que eu conhecia, imaginando qual deles seria considerado mais correto do ponto de vista terreno convencional. O mais nobre deles costumava ficar ao lado de alguma infeliz mulher recém-chegada — para usar um eufemismo da sociedade elegante que a minha mais recente *protégée* freqüentara. Os outros estavam aqui, ali, em toda parte, mas em geral com as almas que deles mais precisavam; contudo, a necessidade da minha atual companheira era mais real do que urgente. Se Lionel estivesse ali, poderia tê-la entretido por algum tempo.

Desejei ter cultivado a amizade de algumas dessas senhoras que fazem crochê e fofocas neste mundo tal como o fizeram no seu. Não fique chocada. Você imaginou que o hábito de toda uma vida poderia ser abandonado num instante? Assim como as mulheres na terra muitas vezes sonham com seu crochê, assim o fazem elas também aqui. É tão fácil fazer crochê neste mundo quanto sonhar no seu.

Procure compreender que o mundo em que vivo agora não é mais sagrado, na sua essência, do que o mundo em que você vive agora, nem é mais misterioso para os que nele habitam. Para a alma séria, todas as situações são sagradas, exceto as que são profanas — e umas e outras são tão encontradiças aqui quanto na terra.

Mas voltemos à mulher solitária. Eu ainda estava imaginando o que fazer com ela quando, olhando para cima, vi o Instrutor aproximar-se. Ele trazia consigo outra mulher, que se parecia com a primeira tal como se parecem duas xícaras de porcelana chinesa vazias. Então ele e eu fomos embora e deixamos as duas juntas.

— Eu não sabia — disse eu ao Instrutor — que você se preocupava com outras almas além das que demonstram um desenvolvimento considerável.

Ele sorriu:

— Foi a sua perplexidade que eu vim aliviar, e não a daquelas pobres senhoras.

E ele começou a falar comigo sobre valores relativos.

— De certa maneira — disse ele —, uma alma é tão merecedora de ajuda quanto outra; num sentido mais profundo, talvez não o seja. Não pense que eu sou indiferente aos sofrimentos dos mais fracos porque dedico o meu tempo e atenção aos mais fortes. Assim como os anjos ministrantes, vou aonde mais precisam de mim. Só os fortes podem aprender o que eu tenho a ensinar. Os mais fracos estão a cargo dos Messias e de seus seguidores. Mesmo assim, há entre nós e os Messias fraternidade e compreensão mútua. Cada qual trabalha em seu próprio campo. Os Messias ajudam a maioria; nós ajudamos a minoria. Sua recompensa em amor é maior do que a nossa; mas não trabalhamos em troca de recompensas, assim como eles também não o fazem. Cada um segue a lei do seu ser.

Para ser amado por todos os homens, um Instrutor tem de ser conhecido de todos os homens, e nós nos revelamos apenas a uns poucos escolhidos. Por que não seguimos o caminho dos Messias? Porque o equilíbrio tem de ser mantido. Para cada grande trabalhador visível aos homens há outro trabalhador invisível. Que tipo de Instrutor tem mais valor? Esta questão não tem sentido. O norte e o sul são interdependentes, e todo ímã tem dois pólos.

Carta 37

ONDE NÃO EXISTE O TEMPO

Acredito que você compreende agora, em função do que eu disse, que nem todas as almas que cruzaram a fronteira de ar estão no céu ou no inferno. Poucas alcançam o último grau, e a maioria vive aqui seu período próprio tal como viveu seu período próprio na terra, sem se dar conta quer das possibilidades ou do significado da sua condição.

A sabedoria é uma árvore de crescimento lento; os círculos ao redor do seu tronco são vidas terrenas, e os espaços entre eles são os períodos entre as vidas. Quem lamenta o fato de a semente do carvalho ser lenta no processo de vir a ser um carvalho? É igualmente antifilosófico sentir que a verdade que eu pretendi fazer você compreender — a verdade da grande disponibilidade da alma — é necessariamente triste. Se tivesse de se tornar um arcanjo em poucos anos, o homem sofreria terríveis dores do crescimento. A Lei é implacável, mas muitas vezes parece delicada.

Mesmo assim, há muitas almas no céu, bem como muitos céus, dos quais eu vi apenas uns poucos.

Mas não pense que a maioria das pessoas fica indo de lugar a lugar e de estado a estado como eu. As coisas que descrevo não são excepcionais; mas que um homem seja capaz de ver e descrever tantas coisas é de fato excepcional. Devo-o quase exclusivamente ao Instrutor. Sem a sua orientação, eu não poderia ter adquirido uma experiência tão rica.

Sim, há muitos céus. A noite passada, senti o anseio de beleza que por vezes me sobrevinha na terra. Um dos mais estranhos fenômenos deste mundo etérico é a grande atração exercida pela simpatia — atração de eventos, quero dizer. Deseje uma coisa com intensidade suficiente e você estará a caminho de consegui-la. Um corpo que tem o peso de uma pena move-se com rapidez quando propelido por uma vontade livre.

Tive certo anseio de beleza, que é sinônimo de céu. Movi-me de fato do lugar em que estava ou veio o céu ao meu encontro? Não posso dizer; *o espaço significa muito pouco aqui.* Para cada vale exterior, há um vale interior. Ansiamos por um lugar e lá nos encontramos. Talvez o Instrutor possa lhe dar uma explicação científica disso, mas eu no momento não posso. E quero falar-lhe sobre o céu em que estive a noite passada. Era tão belo, que o seu encanto até agora toma conta de mim.

Vi um duplo renque de árvores de copa negra, semelhantes a ciprestes e, no final dessa longa avenida que percorri, havia uma luz ligeiramente esparsa. Li em algum lugar sobre um céu iluminado por mil sóis, mas o meu céu não se assemelhava a isso. Quando me aproximei, vi que a luz era mais suave do que a luz da lua, embora mais clara. Talvez a luz do sol brilhasse assim se vista por trás de muitos véus de alabastro. Mas aquela luz parecia vir do nada. Ela simplesmente existia.

Ao me aproximar, vi dois seres que caminhavam na minha direção, as mãos dadas. Havia no seu rosto certo ar de felicidade que nunca vemos nos rostos da terra. Só um espírito inconsciente do tempo poderia ser assim.

Devo dizer que eram homem e mulher, embora parecessem muito diferentes daquilo que você compreende por homem e mulher. Eles nem sequer olhavam um para o outro enquanto andavam; o toque da mão tanto parecia fazer deles um único ser, que a percepção do olho nada poderia acrescentar ao seu conteúdo. Tal como a luz que vinha do nada, eles simplesmente existiam.

Um pouco adiante, vi um grupo de crianças de mantos brilhantes, dançando entre as flores. De mãos dadas, formando uma roda, elas dançavam, e suas roupas, que eram como as pétalas das flores, se moviam ao ritmo da dança. Um grande júbilo me encheu o coração. Também elas eram inconscientes do tempo e, pelo que sei, podiam estar dançando ali desde o começo da eternidade. Mas saber se a sua felicidade era do momento ou das eras pouco importava para mim ou para elas. Tal como a luz e os amantes que por mim passaram de mãos dadas, elas existiam, e isso era suficiente.

Deixei a avenida de ciprestes e vi-me numa larga planície, circundada por uma floresta de árvores primaveris. O odor da primavera estava no ar e os pássaros cantavam. No centro da planície, uma grande fonte circular brincava com as águas, lançando-as no ar, de onde desciam num salpicar esparso. Uma atmosfera de encanto inexprimível se apossava de tudo. Aqui e ali, nesse céu circular odorizado por flores, caminhavam seres angélicos, dos quais a maioria deve ter sido algum dia constituída de humanos. Eles caminhavam aos pares, ou em grupos, sorrindo de si para si ou uns para os outros.

Na terra, costuma-se usar a palavra "paz"; porém, em comparação com a paz daquele lugar, a maior paz da terra não passa de turbilhão. Percebi que estava num dos céus mais aprazíveis, mas que me achava sozinho ali.

Assim que essa sensação de solidão encheu-me o coração, vi à minha frente o Ser Formoso sobre o qual lhe escrevi há algum tempo. Ele sorriu e me disse:

— Quem fica tristemente consciente de sua solidão já não está no céu. Por isso, vim para mantê-lo aqui um pouco mais.

— É este o céu particular que você habita? — perguntei.

— Ah, eu não habito lugar nenhum e habito em toda parte — respondeu o Ser Formoso. — Sou um dos andarilhos voluntários que encontram o encanto do lar em qualquer lugar do céu e da terra.

— Então você às vezes visita a terra?

— Sim, e vou até os infernos mais remotos, mas nunca permaneço ali por muito tempo. Meu propósito é conhecer todas as coisas, mas continuar desapegado.

— E você gosta da terra?

— A terra é um dos meus parques. Canto para as crianças da terra, às vezes; e, quando canto para os poetas, eles crêem que sua musa está com eles. Eis uma canção que cantei certa noite para uma alma que habita entre os homens:

Minha irmã, estou freqüentemente ao seu lado quando você não se dá conta.

Para mim, uma alma poeta é um poço de água em cujas profundezas posso ver-me refletido.

Vivo num encantamento de luz e de cor, que vocês, os poetas mortais, tentam em vão exprimir com palavras mágicas.

Estou no pôr-do-sol e nas estrelas; vi a lua envelhecer e você rejuvenescer.

Na infância, você procurou por mim nas nuvens em rápido movimento; na maturidade, imaginou que me apreendera no brilho do olhar de um amante; mas eu sou aquele que foge aos homens.

Faço um sinal e vôo, e o toque dos meus pés não faz pressão sobre as pétalas das margaridas em flor.

Você pode me encontrar e me perder de novo, porque o mortal não pode me reter.

Estou mais perto dos que buscam a beleza — no pensamento ou na forma; fujo dos que me querem aprisionar.

Você pode ir cada dia à região que habito.

Às vezes você vai me encontrar, outras vezes, não; porque a minha vontade é a vontade do vento e porque não respondo a nenhum dedo que acena:

Mas quando aceno, as almas vêm voando dos quatro cantos da terra. Sua alma também vem voando; porque você é um daqueles que chamei pelo encantamento da minha magia.

Sou útil para você e você tem sentido para mim; gosto de ver sua alma em seus momentos de sonho e de êxtase.

Sempre que um dos meus sonha com o Paraíso, torna-se mais brilhante para mim a luz para quem todas as coisas são brilhantes.

Oh, não se esqueça do encanto do momento, não se esqueça do atrativo da emoção!

Porque a emoção tem mais sabedoria do que todos os magos da terra, e os tesouros do momento são mais ricos e mais raros do que a riqueza acumulada de todas as épocas.

O momento é real, ao passo que a época é só uma ilusão, uma lembrança e uma sombra.

Esteja certa de que cada momento é tudo, e o momento é mais do que o tempo.

O tempo carrega uma ampulheta, e seu passo é lento; seus cabelos são brancos pelo desgaste dos anos, e sua foice está cega de tanto ceifar; Mas ele nunca apreendeu o momento em seu vôo. Ele envelheceu de tanto lançar redes para capturá-lo.

Ah, a magia da vida e das intermináveis combinações de coisas vivas!

Eu era jovem quando o sol se formou e serei jovem quando a lua cair morta nos braços de sua filha, a terra.

Você não será jovem comigo? A poeira é como nada: a alma é tudo.

Como a lua crescente na superfície de um lago assim é o momento do despertar do amor;

Como a flor murcha, no colo do mundo cansado, é o momento da morte do amor.

Mas existe amor e Amor, e o amor da luz pela sua radiância é o amor das almas umas pelas outras.

Não existe morte onde brilha a luz da alma, iluminando os campos do mundo interior — o além, o saber inatingível.

Você sabe onde me encontrar.

Carta 38

A DOUTRINA DA MORTE

Muitas vezes, ao longo dos meses em que aqui estou, vi homens e mulheres jazendo num estado de inconsciência mais profundo do que o mais profundo sono, o rosto inexpressivo e apático. No início, antes de compreender a natureza de seu sono, fiz a tentativa de acordar um ou dois deles, e não consegui. Em certos casos que me despertaram a curiosidade, voltei outras vezes, dia após dia, e os vi ainda mergulhados na mesma letargia.

Perguntei a mim mesmo: Por que deveria um homem dormir assim — um sono tão profundo, que nem a palavra falada nem o toque físico podem interromper?

Um dia em que o Instrutor estava comigo, passamos por

um desses homens inconscientes que eu vira antes, que observara e me esforçara sem êxito por despertar.

— Quem são essas pessoas que dormem assim? — perguntei ao Instrutor, e ele replicou:

— São as que na vida terrena negaram a imortalidade da alma depois da morte.

— Que coisa terrível! — eu disse. — E eles nunca vão despertar?

— Sim, talvez daqui a séculos ou eras, quando a lei irresistível do ritmo os afastar do sono para a encarnação. Porque a lei do renascimento segue par a par com a lei do ritmo.

— Não seria possível despertar uma delas, este homem, por exemplo?

— Você tentou fazer isso, não? — inquiriu o Instrutor, dando uma olhada inquisitiva para mim.

— Tentei — admiti.

— E fracassou?

— Fracassei.

Olhamos um para o outro, por um momento. Então, eu disse:

— Talvez você, com seu maior poder e conhecimento, possa ter sucesso onde fracassei.

Ele não respondeu. Seu silêncio aguçou ainda mais a minha curiosidade, e eu disse, avidamente:

— Você não vai tentar? Não vai despertar este homem?

— Você não sabe o que está pedindo — replicou.

— Mas, diga-me — insisti. — Você poderia despertá-lo?

— Talvez. Porém, para me contrapor à lei que o mantém adormecido — a lei do encantamento que ele lançou sobre sua própria alma quando saiu da vida, exigindo inconsciência e aniquilação — para me contrapor a essa lei, eu teria de pôr em ação uma lei ainda mais forte.

— E o que é? — perguntei.

— A vontade — ele respondeu. — A força da vontade.

— Você poderia?

— Como eu disse antes: talvez.

— E você vai?

— Mais uma vez, digo que você não sabe o que pede.

— Faça-me o favor de explicar — persisti. — Porque de fato isso me parece uma das coisas mais maravilhosas que vi.

O rosto do Instrutor estava muito sério quando ele respondeu:

— Que bem fez este homem no passado para que eu deva colocar-me entre ele e a lei de causa e efeito que voluntariamente ele pôs em ação?

— Não conheço o passado dele — eu disse.

— Então — o Instrutor exigiu —, diga-me a sua razão para pedir que eu faça isso.

— A minha razão?

— Sim. É piedade pela condição infeliz deste homem ou a sua curiosidade científica?

Eu teria alegremente podido dizer que era a piedade pelo triste estado do homem que me movia; mas não se brinca com a verdade nem com os motivos quando se fala com um tal Instrutor. E por isso admiti que era curiosidade científica.

— Nesse caso — disse ele —, estou justificado em usá-lo como demonstração da força da vontade treinada.

— Isso não vai prejudicá-lo, vai?

— Pelo contrário. E embora ele possa sofrer um choque, esse provavelmente vai ser o meio de imprimir em sua mente que nunca mais, mesmo em futuras vidas na terra, ele deve acreditar ou ensinar os outros a acreditar que a morte é o fim de tudo. No que se refere a ele, este homem não merece que eu gaste com ele a grande quantidade de energia que será necessária para despertá-lo do seu sono, o encantamento que ele lançou sobre si mesmo eras atrás; mas, se eu o despertar, será em benefício de você, "para que você possa acreditar".

Eu gostaria de poder descrever a cena que ocorreu, de modo que você pudesse vê-la com os olhos da imaginação. Ali estava o homem aos nossos pés, com o rosto sem cor nem expressão e, acima dele, impunha-se a forma esplêndida do Instrutor, a força de seu belo rosto, seus olhos brilhantes e pensativos.

— Você pode ver — perguntou o Instrutor — uma luz mortiça circundando essa figura aparentemente sem vida?

— Sim, mas a luz é de fato mortiça.

— Mesmo assim — disse o Instrutor —, essa luz é bem mais forte do que o conhecimento que tem essa pobre alma da verdade eterna. Mas onde você vê apenas uma pálida luz ao redor da forma prostrada, eu vejo nessa luz muitas imagens do passado da alma. Vejo que ele não só negou a imortalidade da consciência da alma como ensinou sua doutrina da morte a outros homens, fazendo-os pensar como ele. Na verdade, ele não merece mesmo que eu tente despertá-lo!

— E ainda assim você o fará?

— Sim, farei.

Lamento não ter permissão para lhe contar com que palavras e atos meu Instrutor conseguiu, com um esforço muito grande, despertar aquele homem daquela imitação auto-imposta da aniquilação. Tive consciência, como nunca tivera, não só da força pessoal do meu Instrutor, mas também do irresistível poder de uma mente treinada e concentrada.

Pensei da passagem do Novo Testamento em que Jesus disse ao homem morto no túmulo: "Lázaro, levanta-te!"

— A alma do homem é imortal — declarou o Instrutor, olhando fixamente para os olhos semicerrados do homem acordado, e hipnotizando-os com a vontade.

— A alma do homem é imortal — repetiu ele. Então, num tom de ordem:

— Fique de pé!

O homem fez esforço para ficar de pé. Embora seu corpo fosse leve como uma pena, como o são todos os corpos aqui, pude ver que sua energia amortecida ainda estava demasiado dormente para lhe permitir aquele esforço, na verdade muito pequeno.

— Você vive — declarou o Instrutor. — Você passou pela morte e vive. Não se atreva a negar que vive. Você não pode negar isso.

— Mas eu não acredito... — começou o homem, seu materialismo teimoso ainda desafiando a verdade de sua própria existência, sua memória sobrevivendo à provação por que passara. Isso foi o que mais me surpreendeu. Mas, passado um momento de espanto, compreendi que o poder da imagem que o Instrutor tinha dos registros astrais, que circundavam aquela alma, fora o que havia feito aquelas lembranças aflorarem.

— Sente-se entre nós dois — disse o Instrutor ao homem recém-acordado — e vamos raciocinar juntos. Você julgava ser um grande pensador quando caminhava na terra como Fulano, não é verdade?

— Sim.

— Você percebe que seu raciocínio estava errado — prosseguiu o Instrutor — porque você certamente passou pela morte e agora está vivo.

— Mas onde estou? — ele olhou ao redor cheio de espanto. — Onde estou e quem são vocês?

— Você está na eternidade — replicou o Instrutor —, onde sempre esteve e sempre estará.

— E vocês?

— Eu sou aquele que conhece o funcionamento da Lei.

— Que lei?

— A lei do ritmo, que impele a alma a entrar e a sair da matéria densa, assim como impele as marés do oceano a subir e a descer, e a consciência do homem a dormir e a despertar.

— E foi você que me despertou? Você então é essa lei do ritmo?

O Instrutor sorriu.

— Eu não sou a lei — disse ele —, mas estou sujeito a ela, como você, embora possa transcendê-la temporariamente pela minha vontade, mais uma vez, como você.

Retive o fôlego diante da profundidade dessa resposta simples, mas o homem não pareceu perceber lhe o significado. Como ele! Ora, aquele homem pudera transcender temporariamente, por sua vontade mal dirigida, a lei da imortalidade, tal como o Instrutor, com sua vontade sabiamente dirigida, transcendera o mortal em si mesmo! Minha alma cantou comigo diante desse vislumbre das possibilidades divinas da mente humana.

— Quanto tempo estive dormindo? — quis saber o homem.

— Em que ano você morreu? — perguntou o Instrutor.

— Em 1817.

— E este ano é, segundo o calendário cristão, 1912. Você ficou num sono semelhante à morte por 95 anos.

— E foi de fato você quem me despertou?

— Sim.

— Por que fez isso?

— Porque quis — foi a resposta bem firme do Instrutor. — Não porque você merecesse ser despertado.

— E por quanto tempo eu teria dormido se você não me tivesse despertado?

— Não posso dizer. Provavelmente, quando todos os que morreram com você o tivessem deixado bem para trás no caminho da vida evolutiva. Talvez durante séculos, ou eras.

— Você tomou para si uma responsabilidade — disse o homem.

— Você não precisa me lembrar disso — replicou o Instrutor. — Ponderei mentalmente toda essa responsabilidade e resolvi assumi-la por um objetivo meu. Porque a vontade é livre.

— Mas você se sobrepôs à minha vontade.

— Eu fiz isso porém através da minha própria vontade, que é mais forte, e mais forte porque sabiamente dirigida e conservada por uma energia maior.

— E o que você vai fazer comigo?

— Vou assumir a responsabilidade do seu treinamento.

— Meu treinamento?

— Sim.

— E você vai facilitar as coisas para mim?

— Pelo contrário, torná-las-ei bem difíceis; mas você não pode fugir do meu ensinamento.

— Você vai me instruir pessoalmente?

— Pessoalmente no sentido de que o porei sob a orientação de um discípulo avançado meu.

— Quem? Este homem aqui? — Ele apontou para mim.

— Não, ele tem mais o que fazer. Vou levá-lo agora ao seu Instrutor.

— E o que ele me mostrará?

— O panorama da imortalidade. E quando tiver aprendido a lição de modo a nunca se esquecer dela, você terá de voltar à terra e ensiná-la aos outros; você terá de persuadir da verdade da imortalidade tantos homens quantos no passado enganou e desviou com suas falsas doutrinas de materialismo e morte.

— E se eu me recusar? Você disse que a vontade é livre.

— Você se *recusa*?

— Não, mas e se me recusasse?

— Então, em vez de crescer e desenvolver-se sob a lei da ação e da reação, denominada no Oriente de karma, você terá sido a sua vítima.

— Não compreendo o que você diz.

— Ele é de fato um homem sábio — disse o Instrutor —, que entende a lei do karma, que também é a lei de causa e efeito. Mas venha. Vou levá-lo agora ao seu novo instrutor.

Então, deixando-me sozinho, o Instrutor e sua nova tarefa desapareceram na distância cinzenta.

Permaneci ali por um longo tempo, ponderando sobre o que vira e ouvira.

Carta 39

A HIERARQUIA CELESTE

Estou prestes a dizer algo que pode chocar certas pessoas; mas as que amam em demasia suas próprias idéias, sem se mostrar dispostas a garantir a outras pessoas o direito de expressar as suas, não devem buscar abrir as portas fechadas com zelo que separam a terra dos chamados vivos da terra dos que certamente não estão mortos.

Eis a declaração que tenho a fazer: a de que existem muitos deuses, e que o Deus Uno é a soma total de todos eles. Todos os deuses existem em Deus. Faça o que quiser com esta afirmação, meu caro mundo, porque a verdade é mais importante do que o sonho de quem quer que seja, mesmo o seu ou o meu.

Eu vi Deus? Vi Aquele que chamam de Filho de Deus, e você deve se lembrar de Ele ter dito que aquele que viu o Filho viu o Pai.

Mas o que dizer dos outros deuses? — pergunta você; porque há muitos deuses nos panteões do mundo. Bem, as realidades existem aqui.

O quê? — diz você outra vez. O homem pode criar os deuses na sua imaginação e dar-lhes um lugar no invisível? Não. Eles existiram primeiro aqui, e o homem tomou consciência deles há muito tempo por meio de sua própria percepção psíquica e espiritual. O homem não os criou, e os materialistas que afirmam isso pouco sabem das leis que regem o ser. O homem primitivo percebeu-os por meio de suas próprias afinidades espirituais com eles e pela proximidade deles.

Quando leu contos folclóricos sobre este ou aquele deus, você talvez tenha falado paternalisticamente dos antigos criadores de mitos e agradecido à sua estrela de sorte o fato de viver numa época mais esclarecida. Mas esses antigos narradores foram na realidade iluminados, já que viram o outro mundo e registraram o que viram.

Diz-se de muitos deuses favoritos do mundo que viveram na terra como homens. Eles de fato o fizeram. Essa idéia a surpreende?

Como um homem se torna um deus e como um deus se torna um homem? Já pensou nisso? Um homem se torna um deus ao desenvolver a consciência de deus, o que não é o mesmo que desenvolver o seu próprio pensamento *sobre* Deus. Em anos recentes, você ouviu falar e leu muito sobre os chamados Mestres, homens de realizações sobre-humanas que renunciaram aos pequenos prazeres e reconhecimentos do mundo a fim de alcançar algo mais grandioso.

As idéias do homem sobre os deuses mudam, tal como mudam estes últimos, visto que "tudo é mudança", como disse Heráclito há cerca de 24 séculos. Você imagina que os deuses ficaram parados e só você progrediu? Nesse caso, você poderia um dia sobrepujar o seu deus e passar a adorar a si mesma, não tendo coisa alguma a considerar superior a você.

Acompanhado do Instrutor, estive face a face com alguns dos deuses mais antigos. Tivesse eu chegado aqui com um desdém superior por todos os deuses exceto o meu, dificilmente esse privilégio ter-me-ia sido concedido; porque os deuses são tão exclusivos quanto inclusivos, e só se revelam àqueles que os podem ver tais como são.

Será que isso abre a porta ao politeísmo, ao panteísmo ou a outros temidos *ismos*? Um *ismo* é apenas uma palavra. Os fatos são realidades. Foi-se a época em que os homens eram queimados, amarrados a uma estaca, por ter tido visões do deus errado. Mas mesmo agora eu hesitaria em contar tudo o que aprendi sobre os deuses, embora eu possa dizer muito.

Tomemos, por exemplo, o deus a quem os romanos chamavam Netuno. Você pensou que ele era só uma criação poética dos velhos criadores de mitos? Ele era algo mais do que isso. Supõe-se que seja o regente do oceano. Ora, o que poderia ser mais correto e inevitável do que o fato de o trabalho de controlar os elementos e as enchentes ser assumido pelos que são capazes de realizá-lo, entre os quais foi dividido? Ouvimos falar muito das leis da Natureza. Quem as aplica? A expressão "lei natural" está na boca do homem, mas a Lei tem executores no céu tanto como os tem na terra.

Disseram-me que há também seres planetários, deuses planetários, se bem que eu nunca tenha tido a honra da comunhão consciente com um deles. Se um ser planetário se acha tão além da ousadia da minha abordagem, como veria eu se fosse abordar o Deus dos deuses?

Ó mente paradoxal do homem, que se vê tomada de respeito e trêmula diante do servo, mas aborda o senhor sem medo!

Fui informado de que o espírito guardião do planeta Terra veio a se tornar um deus de grande poder e responsabilidade em ciclos passados da existência. Para quem já usou um dia um microscópio, essa idéia não causa necessariamente assombro. O infinitamente pequeno e o infinitamente grande são a cauda e a cabeça da Serpente Eterna.

Quem você imagina que serão os deuses dos futuros ciclos da existência? Não serão eles os seres que, neste ciclo da vida planetária, se tiverem elevado acima do mortal? Não serão os mais fortes e mais sublimes dentre os atuais espíritos dos homens? Mesmo os deuses têm de ter seu período de descanso, e os que hoje estão em seus cargos sem dúvida desejarão ser substituídos.

Aos homens ambiciosos por crescimento, as portas do desenvolvimento estão sempre abertas.

Carta 40

A MARAVILHA DO INVISÍVEL

Escrevi a você antes sobre aquele que chamo de o Ser Formoso, aquele cujo domínio parece ser o universo, cujos companheiros são todos os homens e os anjos, cujos brinquedos são os dias e as eras.

Por alguma razão, o Ser Formoso teve ultimamente a bondade de se interessar pelos meus esforços de aquisição de conhecimento, tendo-me mostrado muitas coisas que de outra maneira eu jamais teria visto.

Quando um passeio pelo planeta é organizado pessoalmente por um anjo, o viajante é especialmente favorecido. As cartas de apresentação aos grandes e poderosos da terra nada são se comparadas com essa apresentação, já que, por meio dela, vejo a alma de todos os seres, e as minhas visitas à sua casa não se limitam a alguns cômodos. O Ser Formoso tem acesso a toda parte.

Você já imaginou, quando teve um sonho agradável, que talvez um anjo a tenha beijado no seu sono? Eu vi coisas assim.

Oh, não tenha medo de dar asas à sua imaginação! As coisas prodigiosas são as verdadeiras; as coisas corriqueiras são quase todas falsas. Quando um grande pensamento a erguer pelos cabelos, não se apegue à terra firme. Deixe-se levar. Aquele que é atingido por uma inspiração pode até mesmo — se tiver a ousadia de confiar em sua visão — contemplar face a face o Ser Formoso, como eu o fiz. Quando se voa pelo ar, nossa visão é aguçada. Se se voar com rapidez suficiente e se atingir suficiente altura, será possível contemplar o inconcebível.

Numa noite, eu meditava sobre a semente de uma flor, pois não há nada tão pequeno que não possa conter um mundo. Eu meditava sobre a semente de uma flor e me divertia esboçando-lhe a história, geração após geração, até a alvorada dos tempos. Eu sorrio ao usar a figura "alvorada dos tempos", porque o tempo tem tido tantas alvoradas, tantos ocasos, e ainda se mantém inabalável.

Eu estava rastreando a genealogia da semente até a época em que o homem das cavernas esqueceu sua luta diante do prazer estranhamente perturbador de sentir a fragrância de sua flor-mãe, quando um riso musical e baixo ecoou no meu ouvido esquerdo; nesse momento, alguma coisa leve como asa de borboleta roçou-me a face esquerda.

Virei-me para olhar e, com a rapidez de um raio, a risadinha se fez ouvir à direita, enquanto algo me roçava a face direita. Então, algo como um véu me tapou os olhos e uma voz clara disse:

— Adivinhe quem é!

Eu estava completamente tomado pelo prazer dessa brincadeira divina e respondi:

— Talvez você seja a fada que faz as crianças cegas sonharem com campos de margaridas.

— Como você me reconheceu? — sorriu o Ser Formoso, retirando o véu dos meus olhos. — Sou de fato essa fada. Mas você deve ter estado espreitando nas frestas da porta quando toquei os olhos dos bebês cegos.

— Estou sempre espreitando pelas frestas das portas dos quartos das pessoas da terra — repliquei.

O Ser Formoso sorriu outra vez:

— Você gostaria de ir espreitar comigo esta noite?

— Com prazer.

— Você não poderia fazer isso de outro modo estando perto de mim — foi a resposta.

E começamos ali o mais estranho passeio noturno que eu já fiz.

Começamos indo à casa de um amigo meu e ficando quietos no cômodo em que ele e sua família faziam uma refeição. Ninguém nos viu, exceto o gato, que começou a ronronar alto e a se espreguiçar com alegria diante da nossa presença. Se eu tivesse ido sozinho, o gato poderia ter medo de mim; mas quem — mesmo um gato — poderia temer o Ser Formoso?

De repente, uma das crianças — a mais nova — levantou os olhos do seu pão e leite e disse:

— Pai, por que o leite tem gosto bom?

— Eu na verdade não sei — admitiu o pai —, talvez porque a vaca tenha gostado de dá-lo.

— Este pai poderia ter sido um poeta — disse-me o Ser Formoso; mas ninguém ouviu essa observação.

Outro filho queixou-se de sono e encostou a cabeça na beira da mesa. A mãe ia acordá-lo, mas o Ser Formoso lançou-lhe aos olhos um véu misterioso, e ela não conseguiu fazer isso.

— Deixe-o dormir, se ele quiser — disse ela. — Depois eu o ponho na cama.

Pude ver no cérebro da criança que ela já estava sonhando, e eu sabia que o Ser Formoso estava tecendo um conto de fadas na teia da sua mente. Passado um momento, a criança levantou a cabeça, totalmente desperta.

— Sonhei — disse o menino — que ____ [o autor destas cartas] estava ali, sorrindo para mim como costumava fazer, e com ele estava um anjo. Nunca vi um anjo antes.

— Vamos — sussurrou o Ser Formoso. — Não é possível esconder nada de pessoas que sonham.

Fizemos, então, uma visita à futura mãe do meu menino Lionel. Ó mistério da maternidade! Os olhos do Ser Formoso eram como estrelas enquanto contemplávamos essa outra semente de flor, cuja genealogia vai até além dos dias do homem das cavernas — meu Deus, ao tempo da névoa de fogo e dos filhos das estrelas matutinas.

— Venha! — disse o Ser Formoso outra vez. — Também às noivas que sonham com a maternidade muita coisa é revelada; e, por esta noite, permanecemos incógnitos.

Passamos pela margem de um rio que divide uma cidade frenética. De repente, vindo de uma casa ao lado da margem do rio, ouvimos o soar de um violão e uma doce voz de mulher cantando:

Quando outros lábios e outros corações
Contarem sua história de amor...
Você vai se lembrar — vai se lembrar de mim.

O Ser Formoso tocou minha mão e sussurrou:

— A vida que é tão doce para esses mortais é para mim um livro de encantamentos.

— Mas você nunca experimentou pessoalmente a vida humana?

— Pelo contrário, faço isso todos os dias; mas, depois, sigo em frente. Se eu a consumisse, não poderia seguir em frente.

— Mas você nunca anseia por consumi-la?

— Oh, mas a emoção está em provar! A digestão é um processo mais ou menos cansativo.

— Receio que você seja um divino leviano — eu disse, afetuosamente.

— Cuidado — respondeu o Ser Formoso. — Quem receia o que quer que seja me perderá na neblina dos seus próprios medos.

— Você é irresistível! — exclamei. — Quem é você? *O que* é você?

— Você mesmo não disse um pouco antes que eu era a fada que fazia os bebês cegos sonhar com campos de margaridas?

— Eu o amo com um amor incompreensível — eu disse.

— Todo amor é incompreensível — respondeu o Ser Formoso. — Mas venha, irmão, escalemos a colina da visão. Quando você estiver sem fôlego, se pegar o meu véu esvoaçante, esperarei até que descanse.

Vimos coisas estranhas aquela noite. Eu a deixaria preocupada se lhe contasse todas.

Ficamos à beira da cratera de um vulcão ativo e observamos a dança dos espíritos do fogo. Você sabia que as salamandras só eram vistas por poetas não abstêmios? Elas são tão reais — para si mesmas e para aqueles que as vêem — como os motoristas de ônibus nas ruas de Londres.

O real e o irreal! Se eu estivesse escrevendo um ensaio agora, em vez da narrativa de um viajante num país estrangeiro, muito teria a dizer sobre o real e o irreal.

O Ser Formoso modificou as minhas idéias sobre todo o universo. Pergunto-me se, quando voltar outra vez à terra, lembrarei de todos os prodígios que vi. Talvez, como a maioria das pessoas, eu venha a esquecer os pormenores da minha vida antes do nascimento e só leve comigo vagos anseios pelo inexprimível, bem como a profunda convicção inalterável de que há mais coisas entre o céu e a terra do que sonha a filosofia das pessoas do mundo. Talvez, se me lembrar de algumas coisas, mas não de muitas, eu seja um poeta na minha próxima vida. Coisas piores poderiam me acontecer!

Que aventura é esse lançar ao mar do renascimento o barco de cada um de nós!

Porém, diante das minhas digressões, alguém diria que eu estava na segunda infância. E é onde estou: na minha segunda infância no chamado invisível.

Quando, na minha viagem daquela noite com o Ser Formoso, proporcionei um espetáculo aos meus olhos ao contemplar a beleza até que eles se cansassem, meu companheiro me levou a cenas da terra que teriam me deixado muito triste caso eu as tivesse visto sozinho. Mas ninguém pode estar triste quando o Ser Formoso está por perto. Este é o encanto dessa maravilhosa entidade; estar em sua presença é provar as alegrias da vida imortal.

Observamos uma festa à meia-noite naquilo que vocês na terra chamam de "antro do vício". Se fiquei chocado e horrorizado? De forma alguma. Observei os divertimentos daqueles animaizinhos humanos como um cientista observaria os movimentos das menores criaturas vivas de uma gota de água. Parece-me que vi tudo aquilo do ponto de vista das estrelas. Eu começara a dizer do ponto de vista de Deus, para quem o pequeno e o grande são a mesma coisa; mas talvez o símile estelar seja o mais verdadeiro, pois como podemos julgar o que Deus vê — a não ser que falemos do deus que existe em nós?

Talvez vocês que lêem o que escrevi venham a ter muitas surpresas quando aqui chegarem. As pequenas coisas podem parecer maiores, e as grandes coisas menores, e tudo pode assumir seu lugar próprio no plano infinito, de que mesmo seus problemas e perplexidades são partes, inevitáveis e belas.

Essa idéia me ocorreu enquanto eu vagava do céu para a terra, da beleza para a feiúra, com meu companheiro angélico.

Eu gostaria de poder explicar a influência do Ser Formoso. Ele não se parece com coisa alguma no universo. É fugidio como um raio de luar, porém mais simpático do que uma mãe. É mais delicado do que uma rosa, mas olha coisas horrendas com um sorriso. É mais puro do que o hálito do alto-mar, mas parece não ter horror à impureza. É inocente como uma criança, porém mais sábio que os deuses antigos — um prodígio de paradoxos, um vagabundo celestial, a maravilha do invisível.

Carta 41

UMA VÍTIMA DO INEXISTENTE

Encontrei um dia desses uma senhora que conheço há vários anos e que veio para cá mais ou menos na época em que vim.

Os velhos conhecidos, quando se encontram aqui, se cumprimentam tal como faziam na terra. Embora sejamos, de maneira geral, menos convencionais do que vocês, ainda nos apegamos mais ou menos aos nossos antigos hábitos.

Perguntei à senhora —— como ia passando, e ela me disse que não estava passando por um período muito agradável. Ela descobrira que todos estavam interessados em alguma outra coisa e não queriam conversar com ela.

Essa foi a primeira vez em que vi semelhante queixa, e sua peculiaridade me causou viva impressão. Perguntei-lhe a que ela atribuía essa insociabilidade e ela replicou que não sabia e que isso a tinha deixado intrigada.

— De que a senhora fala com elas? — perguntei.

— Bem, eu lhes falo de meus problemas, como se faz entre amigos; mas elas não parecem interessadas. Como as pessoas são egoístas!

Pobre alma! Ela não se dera conta aqui, não mais do que o fizera na terra, de que os nossos problemas não interessam a ninguém exceto a nós mesmos.

— Suponha — eu disse — que a senhora desabafe comigo. Fale-me dos seus problemas. Prometo não fugir.

— Ora, mal sei por onde começar! — ela respondeu. — Descobri tantas coisas desagradáveis!

— O que, por exemplo?

— Bem, pessoas aborrecidas. Lembro-me de que quando vivia em ——, eu às vezes dizia a mim mesma que no outro mundo não seria incomodada por proprietárias de pensão e suas empregadas descuidadas; mas elas são tão ruins aqui quanto lá — até piores.

— A senhora quer dizer que vive numa pensão aqui?

— E onde eu deveria viver? O senhor sabe que eu não sou rica.

Dentre todas as coisas surpreendentes que ouvi nesta terra das mudanças, essa foi a mais surpreendente. Uma pensão no mundo "invisível"! As observações que fiz foram por certo limitadas, eu disse a mim mesmo. Eis uma nova descoberta.

— A comida é boa na sua pensão? — perguntei.

— Não, é pior do que na anterior.

— As refeições são escassas?

— Sim, escassas e ruins, especialmente o café.

— Diga-me — falei, com meu estupor aumentando —, a senhora faz de fato três refeições por dia, aqui, como costumava fazer na terra?

— Que coisa estranha o senhor diz! — respondeu ela, num tom agudo de voz. — Não vejo muita diferença entre este lugar e a terra, como o senhor a chama, exceção feita ao fato de que tenho mais dificuldades aqui porque tudo é muito fugidio e incerto.

— Sim — prossiga.

— Pela manhã, nunca sei quem estará à mesa comigo à noite. As pessoas vêm e vão.

— E o que a senhora come?

— As mesmas coisas de sempre: carne e batatas, e tortas e pudins.

— E a senhora ainda come essas coisas?

— Claro que sim; o senhor não?

Eu mal sabia que resposta dar. Se eu lhe tivesse dito como era de fato a minha vida, ela não teria compreendido isso mais do que poderia ter feito há dois anos, quando vivíamos na mesma cidade na terra, se eu lhe contasse qual era a minha verdadeira vida mental. Por isso, eu disse:

— Eu não tenho muito apetite.

Ela me olhou como se desconfiasse de mim de alguma maneira, embora eu não pudesse dizer por quê.

— O senhor ainda tem interesse pela filosofia? — perguntou ela.

— Sim. Talvez seja por isso que eu não sinto fome freqüentemente.

— O senhor sempre foi um homem estranho.

— Suponho que sim. Mas diga-me, Sra. ——, a senhora nunca sente o desejo de deixar tudo isso para trás?

— Deixar tudo isso para trás?

— Sim, pensões e gente desagradável, carnes, batatas, tortas e pudins, bem como as sombras das coisas materiais em geral.

— O que o senhor quer dizer com "as *sombras* das coisas materiais"?

— Digo que essas carnes e massas que a senhora come e não aproveita não são reais. Elas não têm existência real.

— Céus! — exclamou ela. — O senhor se tornou um Cientista Cristão?

Ouvindo isso, ri gostosamente. Seria quem nega a realidade da comida astral no mundo astral um Cientista Cristão porque os Cientistas Cristãos negam a realidade da comida material no mundo material? A analogia aguçou a minha imaginação.

— Deixe-me então convertê-la à Ciência Cristã — eu disse.

— Não, senhor! — foi sua resposta enfática. — O senhor nunca conseguiu me convencer de que houvesse alguma verdade nas suas várias modas e filosofias. E agora me diz que a comida que eu como não é real!

Fiquei imóvel por um momento, tentando encontrar uma maneira pela qual os fatos reais de sua condição pudessem ser compreendidos pela mente daquela pobre mulher. Finalmente, toquei a tecla certa.

— A senhora não vê — disse eu — que está apenas sonhando?

— O quê! — disparou ela.

— Sim, a senhora está sonhando. Tudo isto é um sonho: as pensões *et cetera.*

— Se é assim, talvez o senhor queira me acordar.

— Eu certamente gostaria. Mas a senhora terá de se despertar sozinha, imagino eu. Diga-me: quais eram as suas idéias sobre a vida futura antes de sair para cá?

— O que o senhor quer dizer com *sair para cá*?

— Bem, antes de a senhora morrer?

— Mas, homem, eu não estou morta!

— Claro que não. Ninguém está morto. Mas a senhora por certo compreende que mudou de condição.

— Sim, percebi uma mudança, e uma mudança para pior.

— A senhora não se lembra de sua última doença?

— Lembro-me.

— E de que faleceu?

— Sim, se o senhor lhe dá esse nome.

— A senhora sabe que deixou o corpo?

Ela olhou para sua forma, que parecia a mesma, e até para seu vestido preto-ferrugem bem fora de moda.

— Mas eu ainda tenho o meu corpo! — disse ela.

— Então a senhora não perdeu o outro?

— Não.

— E a senhora não sabe onde ele está?

Meu espanto não parava de aumentar. Eis um fenômeno que eu nunca vira antes.

— Suponho — disse ela — que eles devem ter queimado o meu corpo, se o senhor diz que eu o deixei; mas este é para mim a mesma coisa.

— Ele sempre lhe pareceu o mesmo? — perguntei, lembrando-me das minhas próprias experiências quando eu era recém-chegado aqui, da minha dificuldade de adaptar a quantidade de energia que usava à leveza do meu novo corpo.

— Agora que o senhor mencionou isso — disse ela —, lembro-me de fato de ter tido alguns problemas há um ou dois anos. Fiquei bastante confusa por um longo tempo. Creio que devia estar delirando.

— Sim, sem dúvida a senhora estava — respondi. — Mas diga-me, Sra. ——, a senhora não deseja visitar o céu?

— Ora, eu sempre supus que visitaria o céu quando morresse; mas, como o senhor vê, eu não estou morta.

— Ainda assim — falei —, posso levá-la ao céu agora, talvez, se a senhora quiser ir.

— O senhor está brincando?

— De maneira nenhuma! A senhora vem?

— O senhor tem certeza de que posso ir lá sem morrer?

— Mas eu lhe asseguro: *não existem mortos.*

Enquanto íamos bem devagar — porque eu julgava ser melhor não apressá-la em demasia na passagem de uma para outra condição — fiz-lhe uma descrição do lugar que iríamos visitar: o céu cristão ortodoxo. Descrevi as pessoas felizes e amorosas que estavam na presença do seu Salvador, sob o brilho suave que vinha da Luz central.

— Talvez — eu disse — alguns dos que habitam esse país vejam o rosto do Próprio Deus, tal como esperavam vê-lo quando estavam na terra; quanto a mim, vi apenas a Luz e, mais tarde, a figura de Cristo.

— Eu muitas vezes quis ver Cristo — disse minha companheira com voz embargada. — O senhor acha que posso de fato vê-Lo?

— Acho, se a senhora acreditar intensamente que vai.

— E o que estavam as pessoas fazendo no céu quando o senhor esteve lá? — perguntou ela.

— Estavam prestando culto a Deus, e muito felizes.

— Eu quero ser feliz — disse ela. — Nunca fui muito feliz.

— O importante no céu — adverti — é amar todos os outros. É isso que faz as pessoas felizes. Se amavam só o rosto de Deus, o céu não será integral para elas; porque a alegria de Deus é a alegria da união.

Dessa maneira, por meio de estágios sutis, fui-lhe afastando a mente das pensões astrais para as idéias do mundo espiritual ortodoxo, que era provavelmente o único mundo espiritual que ela poderia entender.

Falei da música — sim, da música de igreja, se é assim que vocês a querem chamar. Criei em sua mente dispersa e caótica um desejo fixo pelas alegrias do *sabbath* e pela paz do *sabbath*, bem como pela comunhão de amigos no céu. Porém, apesar dessa gradual preparação, ela poderia não ter-se adaptado às condições daquele mundo.

Quando chegamos à presença dos que cultuam a Deus com cânticos e louvores, ela pareceu tomada de uma onda de entusiasmo, deu a impressão de que finalmente chegara ao lar.

Eu queria deixá-la de modo tal que ela não saísse outra vez a fim de me procurar; assim, abri a mão à velha maneira e lhe disse adeus, prometendo voltar e visitá-la ali e aconselhando-a a ficar onde estava. Acho que ela vai ficar. O céu exerce um grande atrativo para aqueles que se entregam à sua beleza.

Carta 42

UMA NUVEM DE TESTEMUNHAS

Você está surpresa por saber que existe uma diferença ainda maior entre os seres deste mundo do que entre as pessoas da terra? Isso é inevitável, por ser este um mundo mais livre do que o seu.

Eu não faria jus ao meu dever se não lhe falasse algo dos seres não amistosos daqui; talvez ninguém mais lhe fale disso, e esse conhecimento é necessário para a sua própria proteção.

Em primeiro lugar, quero dizer que existe uma forte simpatia entre os espíritos deste mundo e os espíritos do seu mundo. Sim, ambos os tipos são espíritos, recaindo a diferença, em especial, no revestimento — uns se revestem de carne, e os outros, de um corpo mais sutil, porém não menos real.

Ora, os bons espíritos, que podem ser os "espíritos dos justos tornados perfeitos" ou daqueles que simplesmente aspiram à perfeição, são intensamente atraídos pelos espíritos irmãos na terra, cujos ideais estejam em harmonia com os seus. A atração magnética que existe entre os seres humanos é fraca em comparação com a que é possível haver entre seres encarnados e seres desencarnados. Assim como os opostos se atraem, a própria diferença em termos de matéria é uma força de atração. A mulher não é mais atraente ao homem do que o ser de carne ao ser do astral. Os dois não costumam entender-se mutuamente; nem o costumam o homem e a mulher. Porém, a influência é sentida, e os seres daqui compreendem mais sua fonte do que as pessoas da terra, porque de modo geral trazem consigo as lembranças desse mundo, enquanto vocês perderam a lembrança do deles.

Em nenhum momento, a força da simpatia entre homens e espíritos é tão forte como quando aqueles trabalham presa de alguma emoção intensa, seja o amor ou o ódio, a raiva ou qualquer outra emoção. Porque, nessa circunstância, o elemento ígneo que há no homem está no auge da atividade e os espíritos são atraídos pelo fogo.

(*Neste ponto, a escrita se interrompeu de repente, e a influência passou, tendo voltado depois de alguns minutos.*)

Você imagina por que saí? Fiz isso para traçar um amplo círculo protetor ao redor de nós dois, porque o que tenho a dizer a você é algo que certos espíritos gostariam que não fosse revelado.

Continuemos. Quando o homem se sente entusiasmado,

exaltado, ou, de alguma maneira, sua vida emocional se acha alterada, os espíritos se aproximam dele. Eis como é possível a concepção; é esse o segredo da inspiração, bem como o motivo pelo qual a raiva cresce com aquilo de que se alimenta.

E este último é o ponto que desejo tornar conhecido da sua consciência. Quando o homem perde a calma, perde muito, estando entre essas coisas perdidas *o autocontrole*, e é quase possível que outra entidade possa assumir momentaneamente esse controle.

Este mundo subjetivo, como o chamam, tem sua parcela de espíritos adversários. Eles adoram promover distúrbios, tanto aqui como na terra. Têm prazer na excitação raivosa dos outros, sendo estimulados pelo veneno do ódio. Assim como certos homens se comprazem com a morfina, eles se comprazem com a paixão desarmoniosa.

Você percebe o problema e o perigo? Uma pequena semente de raiva no seu coração é alimentada e inflamada pelo ódio que existe no deles. Não é necessariamente ódio de você como pessoa, pois eles muitas vezes não têm interesse pessoal em você; contudo, com o propósito de gratificar sua paixão hostil, eles se associam temporariamente a você. Outras ilustrações não são difíceis de encontrar.

O homem que tem o hábito da raiva, e mesmo da indicação de defeitos nos outros, com certeza viverá cercado por espíritos antagônicos. Vi um grupo deles ao redor de um homem, incitando-o com seu próprio magnetismo maligno, agitando-o outra vez quando, por reação, ele teria se acalmado.

Por vezes, o interesse impessoal no mero conflito torna-se pessoal; um espírito irado pode descobrir que, ao vincular-se a certo homem, consegue todos os dias uma amostra ou amostras de exaltação e raiva, enquanto sua vítima perde continuamente o controle, explode e se enraivece. Eis um dos piores infortúnios que podem sobrevir a uma pessoa. Levado ao seu ponto máximo, isso pode tornar-se obsessão e terminar em loucura.

A mesma lei se aplica a outras paixões desagradáveis, como as da luxúria e da avareza. Acautelem-se da luxúria, acautelem-se de toda atração sexual na qual não esteja presente um elemento espiritual ou afetivo. Vi coisas que eu não gostaria de registrar, seja por meio de sua mão ou de quaisquer outras.

Falemos em vez disso de um caso de avareza. Vi um avarento contando e recontando o seu ouro, vi os olhos rapaces dos espíritos que se compraziam com o ouro por meio desse homem. Porque o ouro tem uma influência peculiar como metal, além do seu poder de compra ou das associações que são com ele feitas. Certos espíritos amam o ouro, tal como o ama o avarento, e com a mesma paixão aquisitiva e pegajosa. Por ser o ouro um dos metais mais pesados, o seu poder é um poder condensado e condensador.

Não digo com isso que se deva fugir do ouro. Consiga todo o ouro que puder usar, pois ele é útil; mas não viva exultando por causa dele. Os espíritos avaros não se atraem apenas por possuir os símbolos da riqueza — casas e terras, ações e títulos, ou mesmo uma quantidade moderada de moedas; mas o meu conselho é que não se entesourem moedas para ficar embevecidos em sua contemplação.

Há no entanto certas jóias cuja posse ajuda, visto que atraem os espíritos do poder. Mas você provavelmente vai escolher as suas jóias em razão de sua afinidade com elas, e pode fazer escolhas sábias.

Agora que já cumpri o meu dever de adverti-la sobre as paixões e os espíritos apaixonados de que deve acautelar-se, posso passar a outros sentimentos e a outros companheiros espirituais do homem.

Você já conheceu pessoas iluminadas, pessoas cuja simples presença numa sala a deixaram mais feliz. Você já se perguntou por quê? A verdadeira resposta é a de que, por sua índole amorosa, elas atraem ao redor de si uma "nuvem de testemunhas" do júbilo e da beleza da vida.

Muitas vezes, banhei-me nos raios cálidos de um certo coração amoroso que conheci na terra. Ouvi espíritos dizerem uns aos outros, quando se aglomeravam ao redor dessa pessoa: "É bom estar aqui." Você pensa que alguma coisa desagradável pode ocorrer com essas pessoas? Um grupo de espíritos amorosos e simpáticos empenha-se em avisá-las caso algum malefício as ameace.

Do mesmo modo, um coração alegre atrai acontecimentos alegres.

Também a simplicidade, assim como a doce humildade, são muito atraentes para almas desencarnadas delicadas. "Se não formos como criancinhas, não poderemos entrar."

Você já não viu muitas vezes uma criança se divertindo com amiguinhos invisíveis? Você os chamaria de companheiros imaginários. E talvez sejam, e talvez não. Imaginar pode ser criar ou pode ser atrair coisas já criadas.

Vi o próprio Ser Formoso, em mais de uma ocasião, pairando em êxtase acima de uma criatura terrena que estava feliz.

Uma canção de júbilo, quando vem de um coração enlevado, pode atrair uma hoste de seres invisíveis que se deliciam com ela junto com aquele que canta; porque, como eu já disse, o som vai de um para o outro mundo.

Nunca chore — a não ser que deva fazê-lo para restaurar o equilíbrio perdido. Os espíritos chorões, contudo, são bem inofensivos por serem fracos. Às vezes, uma tempestade de lágrimas, depois de passar, purifica a atmosfera da alma; porém, enquanto se chora, a atmosfera fica por demais espessa com a presença de espíritos chorões. Pode-se quase ouvir a queda de suas lágrimas pelo véu de éter — se a pessoa que chora na terra não fizer muito barulho com sua dor.

"Sorria e o mundo sorrirá com você" pode ser um ditado bastante verdadeiro; mas quando se chora, *não* se chora sozinho.

Carta 43

O REINO INTERIOR

Existe um aspecto obscuro que eu gostaria de esclarecer, ainda que possa ser acusado de "misticismo" por pessoas a quem misticismo significa apenas obscuridade.

Afirmei que a vida do homem é tanto subjetiva como objetiva, mas principalmente objetiva; afirmei também que a vida dos "espíritos" que habitam a matéria sutil é tanto subjetiva como objetiva, mas principalmente subjetiva.

Não obstante, falei de ir sozinho ou com outras pessoas ao céu enquanto lugar. Eu gostaria de explicar isso. Você se lembra da afirmação "O Reino dos Céus está dentro de ti", isto é, ele é subjetivo. Do mesmo modo, "Onde dois ou três se reunirem em Meu nome, ali estarei no meio deles".

Ora, os lugares desse reino sutil que chamei de céus cristãos são lugares em que dois ou três, ou dois ou três mil, conforme o caso, se reúnem em nome Dele a fim de usufruir o *reino dos céus dentro deles.*

A reunião de almas é objetiva, isto é, as almas existem no tempo e no espaço; o céu que usufruem é subjetivo, embora tudo possa ser a mesma coisa ao mesmo tempo, como o é, por exemplo, a visão Daquele que elas adoram como Redentor.

Esse é o máximo de clareza com que posso dizê-lo.

Carta 44

O JOGO DO FAZ-DE-CONTA

Certo dia, encontrei um homem vestido a caráter que afirmou ser Shakespeare. Agora, já me acostumei com esse tipo de afirmações, e elas deixaram de me surpreender como o faziam há seis ou oito meses. (Sim, eu ainda conto os meses, mas com propósitos pessoais.)

Perguntei ao homem que prova ele poderia aduzir dessa extraordinária afirmação, e ele replicou que ela não precisava de prova.

— Isso não funciona comigo — eu disse —, pois sou um velho advogado.

Com isso, o homem sorriu e perguntou:

— Por que você não entra no jogo?

Estou lhe contando esta história sem sentido porque ela exemplifica um aspecto interessante da nossa vida aqui.

Numa carta anterior, falei do meu encontro com uma senhora recém-chegada que, vendo-me vestido numa toga romana, julgou que eu pudesse ser César, e que eu lhe dissera que aqui todos somos atores. Eu quis dizer que, como crianças, "nos vestimos" quando queremos impressionar nossa própria imaginação ou reviver alguma cena do passado.

Essa representação de um papel costuma ser bastante inocente, embora às vezes a própria facilidade com que é feita traga consigo a tentação da ilusão, em especial nas relações com as pessoas da terra.

Você percebe o que eu estou querendo dizer. Os "espíritos enganadores", de que os freqüentadores de sessões espíritas se queixam amiúde, são os atores astrais que podem até ter certo orgulho da excelência de sua arte.

Não tenha tanta certeza de que o espírito que alega ser seu avô morto seja esse respeitável senhor em pessoa. Ele pode ser apenas um ator desempenhando um papel para entreter a si mesmo e a você.

E como se vai saber? — pergunta você. Nem sempre isso é possível. Eu diria, no entanto, que o teste mais seguro de todos seria a convicção profunda e *não-emocional* de que a verdadeira entidade está na nossa presença. Há no coração humano um instinto que nunca nos engana se, sem medo ou tendenciosidade, nos curvamos à sua decisão. Com que freqüência, em questões da terra, todos agimos contra essa sensação interior, sendo então enganados e ficando desorientados!

Se você tiver um sentimento instintivo de que uma entidade invisível — ou mesmo visível — não é o que afirma ser, é melhor interromper o colóquio. Se for a pessoa real e tiver algo importante a dizer, ela voltará repetidas vezes; porque os chamados mortos muitas vezes têm grande desejo de comunicar-se com os vivos.

De maneira geral, todavia, aqui a representação de papéis costuma estar isenta da intenção de enganar. A maioria dos homens deseja de vez em quando ser o que não é. O homem pobre que, por uma noite, se veste com as melhores roupas e gasta uma semana de salário no papel de milionário é movido pelo mesmo impulso que inspirou o homem da minha história a afirmar que era Shakespeare. A mulher que sempre usa roupas que estão fora dos seus recursos está jogando o mesmo joguinho consigo e com o mundo.

Todas as crianças conhecem esse jogo. Elas dizem a você num tom de quem está convencido que são Napoleão Bonaparte ou George Washington, e ficam magoadas se você rir disso.

Talvez meu amigo com a aspiração shakespeareana tenha sido um artista amador quando estava na terra. Se tivesse sido um ator profissional, ele provavelmente teria declinado seu nome real, mais ou menos desconhecido, e seguiria isso com a declaração de que era o famoso Fulano.

Existe muito orgulho pelas realizações da vida terrena, especialmente entre os que chegaram há pouco. Isso tende a diminuir e, depois de estar aqui, por um tempo, os interesses da pessoa vão ficando mais abrangentes.

Os homens e as mulheres não deixam de ser humanos apenas porque cruzam a fronteira daquilo que você chama de mundo invisível. Na verdade, aqui as características humanas costumam ser exageradas, pois existem menos restrições. A comunidade não inflige penalidades se uma pessoa personificar outra. Isso não é levado a sério, porque, para a visão mais clara deste mundo, o disfarce é demasiado transparente.

Carta 45

HERDEIROS DE HERMES

Há muita coisa sensata mas também muito absurdo a respeito de Adeptos e Mestres que vivem e trabalham no plano astral. Agora eu estou vivendo, e às vezes trabalhando, no tal plano astral, e o que sei sobre esse plano resulta de experiência e não de teoria.

Conheci Adeptos — sim, Mestres aqui. Um deles em especial muito me instruiu, tendo guiado meus passos desde o início.

Não tenha medo de acreditar em Mestres. Eles são homens elevados ao poder maior; e sejam encarnados ou desencarnados, trabalham neste plano de vida. Um Mestre pode entrar e sair a seu bel-prazer.

Não, não vou dizer ao mundo como eles o fazem. Alguém que não seja Mestre poderia fazer a experiência e não conseguir voltar. Conhecimento é poder; mas há determinados poderes que podem ser perigosos se postos em prática sem um grau correspondente de sabedoria.

Todos os seres humanos trazem em si a condição de Mestre em potencial. Isso deveria ser um estímulo para homens e mulheres que aspiram a ter uma intensidade de vida que vá além do comum. Mas o atingimento da condição de Mestre é um desenvolvimento uniforme e, de modo geral, lento.

Meu Instrutor aqui é um Mestre.

Há Instrutores aqui que não são Mestres, assim como há pessoas na terra que dão aulas sem ter grau superior de professor; mas aquele que se dispõe a ensinar o que sabe está no caminho certo.

Não me incomodo de dizer que o meu Instrutor aprova a minha tentativa de dizer ao mundo algo sobre a vida que se segue à mudança chamada morte. Se ele tivesse desaprovado, eu me teria curvado à sua sabedoria superior.

Não, não importa qual é o seu nome. Referi-me a ele apenas como meu Instrutor, tendo-lhe dito muitas coisas que ele afirmara e fizera. Muitas outras coisas eu não contei a você, porque agora só posso vir de vez em quando. Daqui a algum tempo é provável que eu deixe de vir por inteiro. Não que eu venha a perder o interesse por você; mas parece que existe um plano para que eu me afaste mais do mundo a fim de aprender coisas que requerem, para a sua compreensão, um certo desapego do vínculo com a terra. Mais tarde, poderei voltar pela segunda vez, mas não faço promessas. Virei se puder e se parecer sábio vir; e também se você estiver com uma disposição que me permita fazê-lo.

Não creio que eu venha por meio de alguma outra pessoa

— pelo menos, não para escrever cartas como esta. Eu provavelmente teria de pôr essa outra pessoa no mesmo processo de treinamento a que submeti você, e poucos — mesmo aqueles que foram meus amigos e sócios — confiariam em mim a esse ponto. Logo, mesmo depois que eu me for, não tranque a porta a sete chaves, pois eu posso querer voltar, com algo imensamente importante para dizer. Porém, por outro lado, faça-me o favor de evitar me chamar; porque o seu chamado poderá me afastar de um trabalho ou de um estudo importante em algum outro lugar. Não posso dizer com certeza que isso vá acontecer, mas é uma possibilidade; e quando eu deixar a terra voluntariamente, não vou querer ser atraído de volta até estar pronto para retornar.

Uma pessoa que ainda esteja na terra pode chamar tão fortemente um amigo longe da atmosfera da terra, que a alma chega a voltar cedo demais em resposta a esse clamor ansioso.

Não se esqueça dos mortos, a não ser que eles sejam fortes o suficiente para serem felizes sem essa lembrança; mas não se apóie neles em demasia.

Os Mestres, de quem falei há pouco, podem permanecer próximos ou afastados, como quiserem; podem responder ou não responder. Mas a alma comum é muito sensível ao chamado daqueles a quem amou na terra.

Vi uma mãe responder ansiosamente à oração e às lágrimas do filho, mas sem conseguir fazer o solitário sentir a sua presença. Às vezes, as mães ficam muito tristes por não poder fazer sentir sua presença.

Um dia, vi meu Instrutor, com o seu poder, ajudar uma mãe a fazer-se sentida e ouvida por uma filha que passava por grandes problemas. O coração do meu Instrutor é muito sensível aos sofrimentos do mundo; e embora diga que não é um dos Cristos, ele muitas vezes parece agir como Cristo age. Em outros momentos, ele é todo pensamento. Ilustra o dito sobre Hermes Trismegistus, o Hermes Três Vezes Grande — grande em corpo, grande em mente, grande em coração.

Eu gostaria de poder falar-lhe mais sobre o meu Instrutor, mas ele não quer ficar muito conhecido na terra. Ele trabalha pelo trabalho em si, e não por recompensas ou louvores.

Ele gosta muito de crianças, e um dia, quando eu estava sentado, invisível, na casa de um amigo meu da terra, e o filho dele, que era pequeno, caiu, machucando-se, e chorou amargamente, meu grande Instrutor, a quem vi comandar literalmente "legiões de anjos", inclinou-se na forma tênue que então usava e recompôs e confortou a criança.

Quando lhe perguntei sobre isso mais tarde, ele disse que se lembrava de muitas infâncias suas em outras terras; disse também que ainda podia sentir na memória o aguilhão da dor física e o choque causado por uma queda física.

Ele me falou que as crianças sofrem mais do que os adultos podem perceber, que o espanto sentido na adaptação gradual a um corpo novo, frágil e em crescimento é muitas vezes causa de grande sofrimento.

A seu ver, o constante choro de alguns bebezinhos é causado por certo desestímulo que eles sentem diante da hercúlea tarefa que os espera — a tarefa de moldar um corpo por meio do qual seu espírito possa trabalhar.

Ele me contou uma história de uma de suas encarnações anteriores, antes de ele se tornar um Mestre, relatando a árdua batalha que teve para construir um corpo. Ele podia se lembrar até dos menores detalhes dessa vida distante. Um dia, sua mãe o castigou por algo que ele na verdade não fizera; e quando negou o suposto ato errado, ela o repreendeu por mentir, não percebendo — embora fosse uma boa mulher — a verdade essencial da alma a quem dera forma. Ele me disse que essa impressão infantil de séculos atrás poderia ser o início de sua batalha contra a injustiça, que ajudara a desenvolvê-lo como amigo e mestre da humanidade.

Depois, ele falou da importância de recuperarmos a memória de outras vidas a fim de podermos ver as estradas pelas quais nossa alma chegou até aqui.

Os grandes Instrutores em geral são reticentes sobre o seu próprio passado, referindo-se a ele tão-somente quando algum ponto de sua experiência pode ser usado para ilustrar um princípio e, assim, ajudar alguém a entender o princípio. Isso estimula uma alma sensível a saber que alguém que atingiu grandes alturas passou pelas mesmas provações que agora a deixam perplexa.

Carta 46

APENAS UMA CANÇÃO

Você ouviria outra canção, canto ou que nome você lhe dê daquele admirável anjo que conhecemos como o Ser Formoso?

Por que você tem medo de me perguntar? Eu sou o grande respondedor de perguntas;

Embora minhas respostas costumem ser símbolos — e as próprias palavras sejam apenas símbolos.

Não o tenho visitado porque, quando estou por perto, você não pode pensar em nada mais; e é bom que você pense naqueles que trilharam o caminho que você está percorrendo agora.

Você pode basear seus caminhos nos de outros; você dificilmente pode baseá-los nos meus.

Sou uma luz na escuridão — você não precisa saber o meu nome;

Um nome é uma limitação, e eu me recuso a ser limitado.

Nos remotos dias dos anjos, recusei-me a entrar nas formas de minha própria criação, a não ser para brincar com elas.

Esta é uma pista para você, se você gosta de pistas.

Aquele que é controlado por sua própria criação torna-se um escravo. Esta é uma das diferenças entre mim e os homens.

Que pai terreno pode fugir aos filhos? Que mãe terrena o deseja?

Eu, porém, posso fazer uma rosa desabrochar e então deixá-la para que outro a aprecie!

Minha alegria estava em fazer isso. Seria difícil para mim ficar com uma rosa até que suas pétalas caíssem.

O artista capaz de esquecer suas antigas criações pode criar coisas cada vez maiores.

A alegria está na realização, e não no apego ao que é realizado.

Oh, a magia do desapego! É a magia dos deuses.

Há raças de homens às quais me revelei. Elas me cultuam.

Você não precisa me cultuar, pois eu não exijo culto.

Seria limitar-me às minhas próprias criações ter necessidade de algo das almas em que toquei com a minha beleza.

Oh, a magia do desapego!

A magia do apego?

Sim, há uma magia no apego a uma coisa até que ela esteja acabada e perfeita;

Mas, quando essa coisa está acabada, seja um poema, um amor ou um filho, deixe-a ir.

Assim, você volta a ser livre e pode começar outra. Eis o segredo da eterna juventude.

Nunca olhe para trás com arrependimento; olhe apenas para aprender o que ficou atrás de você.

Olhe sempre para a frente; só quando o homem pára de olhar para a frente, para as coisas, é que ele começa a ficar velho. Ele se acomoda.

Eu disse para viver o momento; trata-se da mesma coisa vista de outro ângulo.

O presente e o futuro são companheiros de folguedos; não brincamos quando estudamos o passado.

Eu sou o grande companheiro de folguedo dos homens.

Carta 47

PRESENTES INVISÍVEIS NO NATAL

Ainda não é muito tarde para desejar-lhe um feliz Natal.

Como sei que é dia de Natal? Sei porque estive olhando nas casas que costumava freqüentar e vi árvores cheias de enfeites e presentes. Você se surpreende com o fato de eu as poder ver? Se se surpreende você se esquece de que iluminamos o lugar em que vivemos. Quando sabemos olhar, podemos ver por trás dos véus.

Este é o meu primeiro dia de Natal deste lado. Não envio a você um presente material que você possa usar ou pendurar na sala; mas posso enviar-lhe os bons votos da ocasião.

As mães que deixaram filhos pequenos sabem bem quando o Natal se aproxima. Às vezes, elas enviam presentes invisíveis que fizeram com o seu poder de imaginação e de amor a partir da tênue matéria deste mundo. Certa avó passou a noite inteira, na véspera do Natal, colocando flores ao redor dos seus entes queridos. A fragrância dessas flores deve ter penetrado a atmosfera da terra.

Você já sentiu de súbito um doce perfume que não pôde explicar? Se isso já lhe aconteceu, talvez alguém a quem você amou estivesse colocando flores invisíveis perto de você. O amor é mais forte que a morte.

Outra pessoa que você conhece virá para cá dentro em breve. Fortaleça-a com a sua fé.

A prática de comemorar o Natal é boa, desde que não nos esqueçamos do verdadeiro sentido desse dia. Para alguns, ele significa o nascer no mundo do espírito da humildade e do amor; mas, embora o amor e a humildade tenham visitado o mundo antes do surgimento de Jesus de Nazaré, nunca antes nem depois eles vieram com maior força do que para a Judéia. Pouco importa se a manjedoura em Belém foi uma realidade física ou um símbolo.

Fui aos céus de Cristo e conheço a sua beleza. "Na casa do meu Pai há muitas moradas."

Um viajante como eu que deseje ir a algum céu particular primeiro tem de sentir em si o que sentem as almas que fruem esse céu; fazendo-o, ele pode entrar ali e comungar com elas. Ele nunca pode ir como um mero observador. Eis por quê, de maneira geral, tenho evitado os infernos; mas sempre visito os céus.

Estive no purgatório, o purgatório dos católicos romanos. Não ria daqueles que mandam rezar missas pelo repouso das almas que partiram. As almas com freqüência estão conscientes desse cuidado. Elas ouvem a música e *podem* aspirar o incenso. E, sobretudo, sentem o poder do pensamento que lhes é dirigido. O purgatório é real, no sentido de ser uma experiência real. Se você quiser chamá-lo de sonho, nada a impede; mas os sonhos são por vezes terrivelmente reais.

Mesmo os que não acreditam no purgatório às vezes vagam perdidos em tristeza até se ajustarem às novas condições em que vivem. Se alguém lhes dissesse que estão no purgatório, eles poderiam negar a existência de um estado assim; contudo, admitiriam prontamente seu mal-estar.

A maneira mais segura de escapar desse doloroso período de transição é chegar ao além com plena fé na imortalidade, fé no poder da alma de criar suas próprias condições.

Na noite passada, depois de visitar vários lugares da terra, fui a um dos mais elevados céus cristãos. Talvez eu não pudesse tê-lo feito tão facilmente em qualquer outro momento, porque o meu coração estava repleto de amor por todos os homens, e a minha mente estava tomada pela *idéia* de Cristo.

Vi muitas vezes Aquele que é chamado de Salvador dos homens, e a noite passada vi-O em toda a Sua beleza. Também Ele desceu ao mundo por um tempo.

Fico me perguntando se posso fazê-la entender. O amor de Cristo está sempre presente no mundo, visto haver sempre corações que o mantêm vivo. Se a idéia de Cristo como redentor um dia se enfraquecer no mundo, Ele provavelmente voltará e reacenderá a chama nos corações humanos; mas, digam o que disserem os estatísticos, essa idéia nunca foi mais real do que neste momento. Pode ser que se tenha falado mais dela em outra ocasião.

O mundo não segue um caminho tão ruim quanto pensam algumas pessoas. Não se surpreenda se houver um amplo renascimento da idéia espiritual. Todas as coisas têm o seu ritmo.

Na noite passada, fui a uma grande igreja na qual centenas de cristãos se ajoelhavam em adoração a Jesus. Eu já fizera isso em vésperas de Natal quando era na terra um homem entre homens; mas vi desta vez coisas que jamais vira. É por certo verdade que, onde dois ou três se reúnem em nome de algum profeta, este estará no meio deles, se não sempre em seu corpo espiritual, ao menos na fragrância de sua simpatia.

Os anjos dos céus cristãos sabem quando o Natal está sendo celebrado na terra.

Jesus de Nazaré é uma realidade. Como corpo espiritual, o Jesus que morou na Galiléia, Ele existe no espaço e no tempo; como Cristo, o paradigma do homem espiritual, Ele existe no coração de todos os homens e mulheres que fizerem nascer em si essa idéia. Ele é uma luz que se reflete em muitos espelhos d'água.

Anteriormente, escrevi sobre Adeptos e Mestres. Jesus é um exemplo dos maiores Mestres. Ele é reverenciado em todos os céus. Apreendeu a Lei e se atreveu a vivê-la, a exemplificá-la. E quando disse "O Pai e eu somos um", Ele indicou o caminho pelo qual outros homens podem realizar em si mesmos a maestria.

A humanidade, na sua longa jornada, levou à evolução de muitos Mestres. Quem então se atreveria a duvidar de que a humanidade se justificou a si mesma? Se alguém quiser saber qual o propósito da vida, diga-lhe que é essa mesma evolução do Mestre a partir do homem. A eternidade é longa. O alvo está adiante para cada unidade de força suficiente, e os que não podem liderar podem servir.

Este pensamento tornou-se compreensível para mim com certa intensidade na noite passada. Não me atrevo a dizer que toda unidade, em massa, é forte o suficiente, nem tem energia bastante, para desenvolver a maestria individual; mas não existe unidade tão fraca que não possa ter algum papel, ainda que menor, na grande obra de desenvolver Mestres a partir de homens. É doce servir. Também quem serve tem a sua recompensa.

O grande erro cometido pela maioria das mentes ao lidar com o problema da evolução está em não perceber o fato de que a eternidade é a eternidade, de que ser imortal é não ter princípio nem fim. Há tempo suficiente para nos desenvolvermos, se não neste ciclo de vida, então em outro, que a ele vai se seguir; porque o ritmo não falha.

Se eu ao menos pudesse fazê-la perceber a idéia da imortalidade como a vejo! Eu não a compreendi por inteiro até chegar aqui e começar a reunir os fios do meu próprio passado. Minha razão me dizia que eu era imortal, mas eu não sabia o que significava imortalidade. Por acaso você sabe?

Conheço um anjo que talvez tenha feito mais do que muitos profetas para manter viva no mundo essa idéia. Até conhecer aquele que conhecemos como o Ser Formoso, eu não tinha celebrado o triunfo da imortalidade. Há alguém que brinca com a imortalidade como a criança com bolinhas.

Quando o Ser Formoso diz "eu sou", você sabe que também é. Quando o Ser Formoso diz "despetalo os séculos como uma criança tira as pétalas de uma margarida, e lanço fora o âmago em que está a semente a fim de fazer florescer mais margaridas portadoras de séculos", você sente — mas as palavras são fracas para exprimir o que a alegria do Ser Formoso na vida infinita pode nos fazer sentir.

Você se esquece da coisa de carne e ossos que costumava chamar você mesmo quando este fragmento de imortalidade inconsciente exulta com sua própria existência.

Quando o Ser Formoso leva você a passear pelo que chama de "pastagens abissais" do céu, você pode ter certeza de que é um dos herdeiros de todas essas propriedades eternas.

O Ser Formoso conhece bem o Cristo dos cristãos. Creio que o Ser Formoso conhece todos os grandes Mestres, encarnados ou desencarnados. Todos eles ensinaram a imortalidade em uma ou outra forma, ainda que apenas em essência.

O Ser Formoso foi comigo, a noite passada, ao mais sublime céu dos cristãos. Se eu lhe dissesse tudo o que vi, você se apressaria em vir para cá e ver por si mesma, e você não tem de deixar a terra ainda por muito tempo. Você tem de perceber a imortalidade enquanto ainda está na carne, e fazer que outros a percebam.

Falei-lhe dos céus menores, para onde vão as pessoas simplesmente boas; mas os amantes apaixonadamente devotos de Deus alcançam alturas de contemplação e êxtase que as palavras das línguas do mundo não foram concebidas para descrever. Tendo o Ser Formoso ao meu lado, senti ontem à noite esses êxtases, enquanto você dormia profundamente.

Onde estarei na próxima véspera de Natal? Estarei em alguma parte do universo porque não poderíamos sair do universo caso o tentássemos. O universo não poderia ir adiante sem nós; ele ficaria incompleto. Leve este pensamento consigo para o feliz Ano Novo.

Carta 48

A TERRA DOS GRANDES SONHOS

Não vim vê-la durante algum tempo, pois estava fazendo uma experiência.

Desde que vim para este país, vi tantas vezes homens e mulheres jazendo num estado de fruição subjetiva, de sonho, se é que posso usar essa palavra, que há muito ansiava por passar uns dias sozinho com o meu eu interior nesse mesmo estado. Minha razão para hesitar era o medo de sonhar demais, perdendo assim um valioso tempo — seu e meu.

Mas quando um dia contei ao Instrutor o meu desejo de visitar a Terra dos sonhos maior que está no meu próprio cérebro, bem como o meu medo de que fosse lento o despertar, ele me prometeu que viria me despertar em exatamente sete dias de tempo terrestre, caso eu não tivesse despertado por mim mesmo.

"Porque", disse ele, "você pode criar no cérebro um alarme no qual sempre pode confiar."

Eu sabia disso por causa da minha antiga experiência; mas tinha medo de que o sono psíquico pudesse ser mais profundo do que o sono terreno comum e que o despertador não funcionasse no momento determinado.

Eu ouvira muitos comentários, como sem dúvida também ocorreu com você, sobre o fato de que os espíritos, quando voltam para comunicar-se com os amigos, dizem, de modo geral, pouca coisa sobre a vida no céu. A razão é, imagino eu, o seu desespero em se fazer entender ao tentar descrever sua existência, que tanto difere da terra.

Ora, a maioria das almas, depois de estar aqui por certo tempo, cai nesse estado de devaneio, ou de sonho, que tanto desejei experimentar pessoalmente. Algumas delas despertam a intervalos, mostrando um interesse ocasional pelas coisas e pelas pessoas da terra; mas, se o sono é profundo e a alma está disposta a deixar para trás as coisas da terra, ou deseja fazê-lo, o estado subconsciente pode prolongar-se ininterruptamente por anos ou mesmo séculos. Mas uma alma que pode ficar dormindo durante séculos é, provavelmente, uma alma que vive de acordo com o ritmo longo, o ritmo normal da humanidade.

Por conseguinte, quando entrei em sono profundo, fiz antes um encantamento sobre mim mesmo para não permanecer em demasia nesse estado.

Oh, que maravilha o país dos sonhos do meu próprio eu! Os teosofistas talvez dissessem que tive um descanso na bem-aventurança do *devachan*. Não importa o nome. Foi uma experiência que vale a pena recordar.

Fechei os olhos e mergulhei dentro de mim... dentro de mim, indo além dos pensamentos, ao ponto em que as ondas irrequietas da vida estão paradas e a alma está face a face consigo mesma e com todas as maravilhas do seu próprio passado. Não há nesse sonho nada além da beleza. Se pudéssemos trazer de volta os sonhos, como fiz, a estada ali seria uma aventura sem comparação.

Fui aproveitar e aproveitei. Descobri ali o simulacro de todos os que já amei. Eles sorriram para mim, e compreendi o seu mistério e o porquê de termos sido aproximados uns dos outros.

Reencontrei também meus velhos sonhos de ambição e colhi os frutos de todo o meu serviço na terra. É um mundo róseo esse mundo interior da alma, e o desejo do coração sempre é encontrado ali. Não admira que a vida cheia de atividades da terra costume ser melhor do que aquela de que estão ausentes a dor e o trabalho, porque a vida onírica que se segue é tão bela, que o equilíbrio tem de ser preservado.

Descanso! Na terra, vocês não sabem o sentido desta palavra. Descansei apenas sete dias; mas saí tão revigorado que, se não tivesse outros mundos para conquistar, eu quase teria tido a coragem de voltar à terra.

Não despreze o descanso — você que ainda leva a vida à luz do sol. Pois cada hora de verdadeiro descanso aumenta a sua capacidade de trabalho. Não tenha medo. Você não está perdendo tempo quando se deita e sonha. Como eu já disse, a eternidade é longa. Há espaço para o descanso nas estalagens de beira de estrada que ponteiam o caminho percorrido pelos ciclos.

Se você quiser ter um descanso longo, de *devachan*, ora,

tenha-o! Tenha-o ainda na terra, se desejar. Não fique sempre queimando as pestanas, mesmo com a literatura. Saia e brinque com os esquilos ou deite-se ao lado da lareira e sonhe com o gato de sua casa. O gato que gosta do apaziguante lado da lareira também gosta de capturar ratos quando está com vontade. Ele não pode estar sempre caçando; nem você.

Simplesmente tire uma soneca no *devachan* algum dia e veja como vai sair revigorada quando acabar. Talvez eu esteja abusando da palavra "devachan", pois nunca conheci profundamente a área teosófica.

Eu até ouvi o nirvana descrito como um estado de intenso movimento, tão rápido que parece imobilidade, tal como o cilindro do tear ou as asas do beija-flor. Mas o nirvana não é para todos os homens — não ainda.

Dei indícios sobre os prodígios dos meus sete dias de bem-aventurado descanso, mas não os descrevi. E como posso fazer isso? Um grande poeta declarou certa vez que não havia pensamento ou sentimento que não pudesse ser expresso em palavras. Talvez a essa altura ele já tenha mudado de idéia, passados sessenta anos de presença aqui.

Como queria descansar, ordenei à minha alma que mandasse de volta todo sonho. Claro que não posso dizer se alguns não escaparam, assim como você não pode dizer ao despertar, se esqueceu ou não as experiências mais profundas da noite. Mas quando voltei para a vida normal deste chamado plano astral, senti-me como um explorador que volta de uma estranha jornada com histórias maravilhosas para contar. Só que eu não as contei. A quem eu relataria esses sonhos e visões? Eu não seria um chato mesmo para colegas "desencarnados". Se Lionel estivesse aqui, eu poderia tê-lo entretido durante muitas horas com minhas histórias; mas, no momento, ele está perdido para mim.

E, a propósito, ele parece ter tido pouco ou nenhum descanso de *devachan*. Seria por ser tão jovem ao vir para cá que não esgotara o ritmo normal? Provavelmente. Tivesse ele permanecido aqui e se desenvolvido, talvez também tivesse procurado o mundo interior mais profundo. Mas eu não vou especular sobre isso, pois este é um registro de experiências, e não de especulações. Você pode especular como eu, se julgar que vale a pena fazê-lo.

Encontrei na minha terra dos sonhos pessoal um belíssimo rosto. Não, não vou lhe falar disso; é o meu pequeno segredo. Claro que encontrei muitos rostos, mas um era mais adorável do que todos os outros, e não era também o rosto do Ser Formoso. Encontro esse rosto quando estou bem desperto. Não o encontro como presença real no sonho, mas só como simulacro. Na terra dos sonhos mais profunda vemos apenas o que está no nosso cérebro. Ali não existem *coisas*, apenas as lembranças das coisas e a sua imaginação.

Neste mundo, a imaginação cria tal como faz no seu: ela molda de fato a substância tênue; porém, na terra dos grandes sonhos, não creio que moldemos em substância. Trata-se de um mundo de representações de luz e sombra sutis demais para serem descritas.

Mesmo antes dessa experiência, eu mergulhara nas lembranças do meu passado; mas não me comprazera com elas, não me dera a liberdade de comungar com a luz e a sombra. Mas, oh, de que serviu? Não há palavras para descrevê-lo. Você pode descrever o perfume de uma rosa, como você mesma disse um dia? Pode dizer como é um beijo? Poderia descrever a emoção do medo de maneira que alguém que não a sentiu, por uma experiência anterior nesta ou em outra vida, pudesse compreender o que você quer dizer? Nem eu posso descrever o processo do sonho espiritual.

Entretenha-se com o conteúdo de fantasia e de memória do seu coração enquanto ainda está no corpo, e ainda penso que você terá apenas a sombra da sombra daquilo que eu senti nestes sete dias, o reflexo do reflexo do sonho real. O reflexo de um reflexo! Gosto desta frase. Ela sugere um quadro claro, embora não uma impressão direta. Tente sonhar, então, mesmo na terra, e talvez você obtenha um reflexo de um reflexo das alegrias retratadas da terra dos sonhos espiritual.

Carta 49

UM SERMÃO E UMA PROMESSA

Assim como tenho vindo ao seu encontro com pequenos intervalos há vários meses, tendo-lhe contado histórias para seu entretenimento, posso vir agora e fazer um sermão? Prometo que não será longo.

Você vive numa terra em que as torres das igrejas cortam o azul do céu, olhando da perspectiva das nuvens como lanças levantadas de um exército invasor — o que, em termos de objetivo, elas verdadeiramente são; tão certamente que se tem o hábito de ouvir sermões. O sermão comum é feito principalmente de conselhos e, no que diz respeito a isso, o meu não vai diferir dos outros. Eu quero aconselhá-la e a tantas outras pessoas quantas você possa levar a ouvir o meu conselho.

Você vai admitir que, para alguém que dá conselhos, tive oportunidades incomuns de me preparar para fazê-lo. Para ajudá-la a viver, eu lhe mostraria o ponto de vista de um observador sério e ponderado — se bem que imperfeito — dos efeitos de causas postas em movimento por habitantes da terra. Diz-se que causa e efeito são opostos e iguais. Pois bem. Agora eu quero chamar a sua atenção para certas ilustrações desse axioma que me vieram à mente no curso dos últimos meses. Se repito uma ou duas coisas que já disse, não se trata de problema sério. Você pode ter-se esquecido delas ou deixado passar sua aplicação à tarefa de preparar-se para a futura vida deste lado do golfo da morte. "Golfo da morte" é uma figura de linguagem bastante gasta; mas estou escrevendo um sermão e não um poema, e tropos bem desgastados são coisas que se esperam do púlpito.

Os pregadores recordam todos os domingos que você terá de morrer algum dia. Você se dá conta disso? Sua consciência assimila o fato de que a qualquer momento — amanhã ou daqui a cinqüenta anos — você pode, de repente, ver-se *fora* desse corpo com cuja força coesiva se acostumou; de que você pode encontrar-se, seja sozinha ou acompanhada, num corpo bastante tênue, leve e com o qual, a princípio, não se pode lidar com facilidade, sem nenhum poder garantido de se comunicar com os amigos e as pessoas próximas que você pode ver na mesma sala em que está?

Você não se deu conta disso! Por essa razão, tome consciência. Apreenda isto com ambos os hemisférios do cérebro. Prenda-o com os grampos da sua mente: *você vai morrer.*

Não, não fique alarmada! Não digo que você pessoalmente, nem que você ou alguma pessoa específica vai morrer amanhã ou no ano que vem; mas, vocês vão morrer algum dia. E se se lembrarem disso de vez em quando, o choque do acontecimento real será atenuado quando vier.

Não fique pensando o dia inteiro na morte. Deus proíbe que você veja em minhas palavras não delicadas esse sentido mórbido! Mas esteja preparada. Você organiza a sua vida de modo que a sua família receba certa quantia; mas não faz nada para garantir a sua própria paz de espírito futura no que concerne ao seu próprio eu.

Lembre-se sempre disto: por mais minuciosas que sejam as instruções que você deixar para a administração de suas coisas após a morte, você vai descobrir que, caso possa olhar a terra, alguém as desrespeitou. Logo, espere justamente isso, considere-o como fato acabado e aprenda a dizer: "Que diferença isso faz?" Aprenda a sentir que o passado *é* passado, que só o futuro tem possibilidades para você e que, quanto mais cedo você deixar as outras pessoas cuidarem dos negócios terrenos que deixou para trás, tanto melhor para a sua tranqüilidade. Esteja preparada para *desapegar-se*. Essa é a primeira coisa que desejo dizer.

Não parta para a nova vida com um olho aberto aos planos celestiais e o outro invertido no rumo das imagens da terra. Você não vai longe se fizer isso. Desprenda-se. Afaste-se do mundo o mais rápido que puder.

Para algumas pessoas, isso pode soar como um conselho insensível, visto não haver dúvidas de que um espírito sábio, olhando para baixo a partir da esfera superior, pode, com suas sugestões telepáticas sutilmente instiladas, influenciar no sentido do bem os homens e as mulheres da terra. Mas há sempre centenas deles ávidos para fazer isso. O céu acima da sua cabeça está agora literalmente repleto de almas que anseiam por colocar a mão nos negócios da terra, almas que não conseguem desapegar-se, que julgam fascinante o hábito de dirigir os assuntos dos outros, que acreditam que esse hábito vicia tanto quanto o do tabaco ou o do ópio. Mais uma vez, não me chame de insensível. A minha linguagem é pouco delicada, mas eu amo vocês, homens da terra. Se os magôo, é para o bem de vocês.

Vem agora outra questão mais interessante. Esqueça-se, se puder, dos pecados da carne que cometeu. Você não pode fugir aos efeitos dessas causas, mas pode evitar o fortalecimento do vínculo com o pecado, pode evitar voltar à terra hipnotizada com a idéia de que é pecadora.

Não se debruce longamente sobre o pecado. É certo que é possível acabar com o impulso de pecar ficando ao lado do pecado até que a alma enjoe; mas, esse é um processo lento e desagradável. O atalho do esquecimento é melhor.

Quero agora manifestar uma idéia de expressão muito difícil, devido ao fato de ser bastante nova para a maioria de vocês. É o seguinte: o poder da imaginação criativa é mais forte em homens com corpos terrenos do que em homens (espíritos) que deixaram o corpo. Não que a maioria das pessoas saiba usar esse poder; elas não sabem. O que eu quero dizer é que elas *podem* usá-lo. Um corpo sólido é uma base resistente, uma poderosa alavanca a partir da qual a vontade pode projetar coisas concebidas pela imaginação. Esse é, creio eu, o verdadeiro motivo pelo qual os Mestres conservam seus corpos físicos. A mente treinada, revestida pela tênue matéria do nosso mundo, é mais forte do que a mente não-treinada revestida de matéria densa; mas o Mestre ainda revestido de carne pode comandar uma legião de anjos.

Isto é uma espécie de prefácio à afirmação de que a vida futura de vocês será tal como vocês a retrataram na terra, limitada sempre pelo poder que ainda sustenta a sua vontade, bem como pela possibilidade de a matéria sutil assumir a forma que você lhe dá — possibilidade que é quase ilimitada.

Deseje progredir depois da morte e você progredirá; deseje aprender e aprenderá; deseje voltar à terra passado algum tempo para assumir uma tarefa especial e retornará e assumirá essa tarefa.

O karma é de fato uma lei inflexível, mas é você que cria o karma.

E, sobretudo, não espere — o que equivale a pedir — inconsciência e aniquilação. Você não pode aniquilar a unidade de força que é, mas pode, por meio da auto-sugestão, fazê-la adormecer durante eras. Saia da vida com a determinação de conservar a consciência e você a conservará.

Quando chegar o momento de você entrar no descanso que uma certa escola de pensamento chamou de *devachan*, você vai entrar; mas esse momento não virá imediatamente depois do seu passamento.

Quando finalmente atingir esse estado, você vai, na verdade, reviver em sonho a sua vida passada e assimilar-lhe as experiências; porém, a essa altura você já terá se livrado do desejo de participar pessoalmente, na qualidade de espírito, da vida daqueles que deixou para trás.

Enquanto estiver na terra, não invoque o espírito dos mortos. Eles podem estar ocupados alhures e você pode ser forte o bastante para afastá-los dos seus próprios assuntos a fim de cuidar daqueles que a preocupam, sem que eles o desejem.

Eu quero agradecer a você que escreve para mim por nunca me ter chamado. Você sempre me deixa vir quando quero e permite que eu diga o que tenho vontade de dizer sem confundir o meu pensamento com interrogações nem comentários.

Vocês da terra, e que ainda estão aí, podem encontrar os amigos que partiram quando chegarem aqui, desde que eles ainda não tenham entrado em outro corpo. Entrementes, deixem-nos realizar a tarefa do estado em que se encontram.

Você que escreve para mim vai se lembrar de que a primeira vez que vim você nem sequer sabia que eu deixara a terra. Encontrei-a num estado de espírito passivo e escrevi uma mensagem assinada por um símbolo cujo significado especial lhe era desconhecido, mas que eu sabia que seria reconhecido de imediato por aqueles em quem você provavelmente confiaria. Esse foi um começo muito afortunado, visto ter-lhe dado confiança no que diz respeito ao caráter genuíno da minha comunicação.

Mas eu disse que escreveria apenas um sermão esta noite, de modo que direi agora a bênção e irei embora. Mas voltarei. Este não é o último encontro da estação.

Mais tarde.

Uma palavra a mais antes de eu ir para o meu outro trabalho.

Se você tivesse me chamado com urgência no curso desta semana que passei em repouso, você poderia ter tido o poder de abreviar uma experiência muito interessante e valiosa. Assim, as palavras finais, depois da bênção deste sermão, são: Não seja insistente de maneira egoísta, mesmo com os assim chamados mortos.

Se a sua necessidade for grande, as almas que a amam poderão senti-la e acorrer a você por sua própria vontade. Isso com freqüência é exemplificado na vida terrena entre as pessoas cujos poros sensitivos estão abertos.

Carta 50

O ABRIL DO MUNDO

Tendo-lhe dito a semana passada que você tem de morrer, segundo o jargão da terra, eu quero agora garantir-lhe que você nunca pode, de fato, morrer, que você é tão imortal quanto os anjos, tão imortal quanto o próprio Deus.

Não, isto não é uma contradição.

Falei antes da imortalidade, tema que sempre foi um dos meus favoritos; mas desde que comecei minha associação com o Ser Formoso, ela se tornou para mim uma consciência exultante.

O Ser Formoso vive na eternidade, assim como imaginamos que vivemos no tempo. Você anotaria aqui mais um cântico desse anjo?

Quando me vir nas árvores verdes e na luz verde sob as árvores, saiba que está perto de mim;

Quando ouvir minha voz no silêncio, saiba que eu falo com você.

Os imortais adoram falar ao imortal que existe no mortal, e há júbilo em despertar o júbilo que dorme no coração de uma alma da terra.

Quando o júbilo está desperto, assim também está a alma.

Você procura Deus na forma de um homem e de uma mulher, e por vezes O encontra aí;

Mas procura por mim na sua própria alma; quanto mais profundo o olhar, tanto mais bela a visão.

Sim, estou na Natureza e estou em você, quando você me procura aí;

Porque a Natureza é dual, e a metade você traz dentro de si.

Todas as coisas são unas e duais — mesmo eu, e é por isso que você pode me encontrar.

Oh, o encanto de ser livre, de vagar à vontade ao redor da terra e dos céus e no âmago da alma dos homens!

Sou mais leve do que o grão de poeira, porém mais duradouro que as estrelas.

O permanente é impalpável, e só o impalpável dura.

Não é longa a estrada que leva ao castelo dos sonhos; o remoto está mais perto do que a porta do vizinho, mas só o sonhador o encontra.

O trabalho é leve e o pagamento, seguro; quando os dias são duros, sua recompensa tarda.

Seja feliz e eu o recompensarei.

Escreverei meu nome nas folhas do seu coração, mas só os anjos poderão ler o que está escrito.

Aquele que porta o meu nome desconhecido sobre as pétalas do seu coração é aceito entre os anjos pela flor que é; seu perfume alcança o céu.

Há pólen no coração, filho da terra, e ele faz frutificar as flores da fé;

Há fé na alma, filho do tempo, e ela traz as sementes de todas as coisas.

As estações vêm e vão, mas o tempo de primavera é eterno.

Posso encontrar em você aquilo que se perdeu no abril do mundo.

Carta 51

UM VIÚVO FELIZ

Conheci outra noite uma encantadora mulher, bem diferente de todas as pessoas que conheci até agora. Ela não era menos mulher por pesar talvez um miligrama em vez de 65 quilos.

Eu passava por uma estrada calma e a vi ao lado de uma fonte. Quem criara a fonte? Não posso dizer. Há neste mundo escultores que moldam por amor ao trabalho mais fontes belas do que os escultores da terra por dinheiro. A alegria do trabalhador em seu trabalho! Ora, isto *é* o céu, não é?

Vi uma bela mulher ao lado de uma fonte; e, como amo a beleza, quer em fontes ou em mulheres, parei para olhar as duas.

A mais bela das duas ergueu os olhos e sorriu.

— Eu desejava alguém com quem falar — disse ela. — Que belo mundo é este!

— Alegra-me que você pense assim — respondi. — Também não concordo com a velha senhora que declarou que o céu era um lugar supervalorizado.

— Você não se lembra de mim, não é? — disse ela.

— Não. Já nos vimos?

— Já. E, na verdade, você poderia lembrar-se de mim se tentasse.

E me lembrei de quem ela era. Nós nos conhecêramos alguns anos antes numa de minhas viagens a Nova York, e eu falara com ela sobre os mistérios da vida e da morte, da vontade e do destino.

— Testei muitas coisas que você me disse — prosseguiu ela — e descobri que eram verdadeiras.

— Que coisas, por exemplo?

— Em primeiro lugar, e principalmente, a afirmação de que o homem pode criar o seu próprio ambiente.

— Você pode demonstrar isso facilmente aqui — eu disse. — Mas há quanto tempo está neste mundo?

— Há apenas alguns meses.

— E como veio para cá?

— Morri de alegria demais.

— Essa foi uma morte agradável e incomum — eu disse, sorrindo. — Como aconteceu?

— Disse o médico que morri de insuficiência cardíaca. Durante anos desejei algo e, quando isso aconteceu, de repente, perceber isso foi demais para mim.

— E então?

— Ora, percebi de súbito que deixara escapar o corpo por

meio do qual poderia ter aproveitado essa coisa que eu havia conseguido.

— E depois?

— Lembrei-me de que não era só o meu corpo, de que era a minha consciência; e de que, enquanto ela estivesse intacta, eu também estaria. Assim, fui aproveitar o que havia obtido.

— Sem arrependimento?

— Sem arrependimento.

— Você é de fato uma filósofa — eu disse. — E embora eu não queira forçá-la a me fazer confidências, tenho muito interesse em conhecer a sua história.

— Ela pareceria absurda a algumas pessoas — ela respondeu. — E até a mim às vezes parece estranha. Mas eu sempre quis ter dinheiro, muito dinheiro. Um dia, certa pessoa morreu, deixando-me uma fortuna. E foi essa a alegria a que não resisti.

— E como você aproveita a fortuna aqui?

— De várias maneiras. Meu marido e eu planejáramos uma bela casa, se um dia tivéssemos dinheiro para construí-la. Também pensávamos em viajar e ver os lugares interessantes do mundo. Além disso, tínhamos dois ou três amigos que amavam criar beleza nas artes e que eram prejudicados em seu trabalho pela falta de recursos. Ora, meu marido, sendo o meu único herdeiro, assumiu a fortuna imediatamente depois da minha morte. Logo, aproveito tudo com ele e por meio dele, assim como o faria se estivesse de fato na carne.

— E ele sabe que você está presente?

— Sim. Tínhamos prometido um ao outro não nos abandonarmos na vida ou na morte. Mantive a minha palavra, e ele sabe disso.

— E onde está ele agora?

— Viajando.

— Sozinho?

— Se você não considerar a minha presença...

— Onde ele está?

— Agora? No Egito.

Cheguei mais perto.

— Você poderia mostrá-lo a mim? — pedi.

— Creio que sim. Venha.

É desnecessário dizer que não esperei um segundo convite.

Encontramos o homem — um simpático sujeito de uns 30 anos de idade — sentado sozinho num luxuoso quarto de um hotel no Cairo. Parece que o meu destino é ter experiências estranhas no Cairo!

O jovem lia quando entramos no aposento. Mas levantou de imediato a vista, pois sentira que *ela* estava ali. Não creio que tenha percebido a minha presença.

— Querida — disse ele em voz alta. — Vi as Pirâmides!

Ela pôs a mão em sua testa e ele fechou os olhos para vê-la melhor.

Então a mão dele se moveu para a mesa, ele abriu os olhos outra vez e pegou papel e lápis. Vi-a guiar sua mão, que escreveu:

— Trouxe um amigo comigo. Você pode vê-lo?

— Não.

O homem falava alto, e ela comunicava-se por meio do lápis em sua mão e da percepção interior que ele tinha dela.

— Não se preocupe com isso — escreveu ela. — Ele não é um egoísta. Eu queria apenas que ele visse você. Eu lhe disse que estava muito feliz, e agora ele vê por quê.

— Esta jornada minha é um completo prazer — disse o homem.

— É porque estou com você — replicou ela.

— Você estava comigo nas Pirâmides hoje?

— Sim, embora não possa ver muito bem à luz do sol. Mesmo assim, fui até lá e as vi à luz da lua. Mas para onde você vai agora?

— Onde você quer que eu vá?

— Nilo acima, para Assuan.

— Eu irei. Quando devo começar?

— Depois de amanhã. E agora, *au revoir*, meu amor. Eu voltarei.

Um momento depois, estávamos fora — ela e eu —, à doce luz das estrelas de uma noite egípcia.

— Eu não lhe disse a verdade? — perguntou ela, com um pequeno sorriso de triunfo.

— Mas você não quer progredir no mundo espiritual? — perguntei.

— Há alguma coisa mais espiritual do que o amor? — replicou ela. — Não é o amor a realização da Lei?

— Mas — eu disse — escrevi recentemente uma carta aos homens e mulheres da terra aconselhando os que vêm para cá a desprender-se da terra assim que puderem.

— Amantes como eu não vão seguir o seu conselho — respondeu ela com um sorriso. — E, diga-me agora: não é melhor que Henry prive da minha companhia nas noites longas, não é melhor que ele esteja feliz do que se lamentando por mim?

— E no começo? Ele não ficou inconsolável com a sua partida?

— Sim, até que o procurei. Ele estava sentado certa noite, profundamente deprimido, e peguei a sua mão para com ela escrever: "Estou aqui. Fale comigo." "Meu Amor!", exclamou ele, o rosto iluminado, "você de fato está aqui?" "Sim, estou aqui e virei ao seu encontro todos os dias até que você venha para mim", respondi com o lápis.

— Ele nunca soube que era o que você chamaria de "psicógrafo". E ele nunca o seria se não fosse a minha presença numa forma de matéria diferente da sua. Agora me diga, meu amigo — acrescentou ela —, você de fato me aconselharia a não visitar mais o meu Henry?

— Diz-se que todas as regras têm exceções — respondi. — Neste momento, parece que você é uma delas.

— E você vai acrescentar um P.S. à sua recente carta ao mundo?

— Se puder — falei —, contarei a sua história. Meus leitores podem tirar suas próprias conclusões.

— Obrigada — foi a sua resposta.

— Porém — acrescentei —, quando Henry vier para cá na hora dele, vocês dois devem se afastar do mundo.

— Então, *você* está afastado do mundo?

— De certo modo. Só estou parado aqui até terminar uma tarefa.

— E depois vai para onde?

— Visitar outros planetas.

— Henry e eu também faremos isso, quando ele vier.

Bem, minha amiga, conto-lhe esta história independentemente do seu valor. Há casos, como o dessa pessoa, em que um vínculo terreno se sobressai. Porém, no caso da maioria das pessoas, mantenho a afirmação que fiz e o conselho que dei originalmente.

Carta 52

OS ARQUIVOS DA ALMA

Falei da determinação de visitar outros planetas quando o trabalho de escrever estas cartas chegar ao fim; mas não posso deixar de dizer que considero essa jornada de um lado a outro do universo dotada de um valor espiritual bem menor do que o das jornadas que tenho feito e farei às profundezas do meu próprio eu. Viajar no espaço e no tempo reais é importante para que o homem obtenha conhecimento de outras terras e pessoas, veja as diferenças entre essas pessoas e ele mesmo e aprenda as causas disso; contudo, a meditação calma é um fator ainda mais importante de desenvolvimento. Se um homem cujas percepções espirituais estão abertas só puder fazer uma dessas duas coisas, é melhor que se sente numa cabana na floresta e busque em sua própria alma os segredos que ela guarda do que viajar aos confins da terra sem essa análise de si mesmo.

Familiarize-se com a sua própria alma. Saiba por que faz isto ou aquilo, porque sente isto ou aquilo. Quando estiver em dúvida sobre alguma coisa, sente-se em silêncio e deixe que a verdade se eleve das profundezas do seu ser. Analise sempre as suas motivações. Não diga "Tenho de realizar este ato por esta e por aquela razão, logo faço-o por isso." Esse argumento só serve para se enganar a si mesma. Se praticar uma ação gentil, pergunte a si mesma por quê. Talvez você possa até mesmo encontrar nela uma motivação egoísta oculta. Se a encontrar, não a negue para si mesma. Reconheça-a, se bem que você não precisa anunciá-la nas paredes da sua casa. Esse entendimento secreto lhe proporcionará uma simpatia e compreensão maior ao julgar as motivações alheias.

Esforce-se sempre pelo ideal; mas não rotule toda emoção de emoção ideal se ela na verdade não for isso. Fale a verdade para si mesma; até fazer isso, você progredirá pouco na busca da sua própria alma.

O espaço intermediário entre vidas na terra é um bom tempo para meditar, mas deve-se formar o hábito da meditação enquanto ainda se está na carne. Os hábitos formados na carne têm a tendência de continuar depois que ela é abandonada. Eis por que devemos nos manter livres de hábitos físicos o mais que pudermos.

Se a minha encantadora conhecida, que vai toda noite encontrar-se com o marido para escrever mensagens de amor pela mão dele, passasse a maior parte do seu tempo adquirindo conhecimento deste novo mundo de modo a poder iluminá-lo, sua comunhão poderia ser um bem total; mas temo que não seja assim. Logo, vou procurá-la outra vez e lhe darei alguns conselhos de pai. Sua mente é aguçada e receptiva, e acredito que ela vai me ouvir. Ele terá interesse nas experiências dela, senão por outro motivo, porque são dela. Sim, terei de encontrá-la outra vez.

Fiz maravilhosas descobertas nos arquivos da minha própria alma. Encontrei ali as lembranças de todo o meu passado, que remonta a uma época quase incrivelmente distante. Ao ver como as causas estabelecidas numa vida produziram seus efeitos noutra, aprendi mais do que aprenderei na minha próxima viagem aos planetas.

Tudo existe na alma; todo conhecimento está aí. Apreenda esta idéia, se puder. A nossa parte infalível é a parte oculta, e cabe a nós trazê-la à luz. Você compreende agora por que aconselho os desencarnados a romper o vínculo com a distração e com as miragens da vida terrena? Só na imobilidade do desapego pode a alma fazer aflorar os seus segredos. Não que eu seja indiferente aos amores terrenos; pelo contrário, amo mais profundamente do que nunca todos os que amei na terra; mas percebo que, se os pudermos amar com sabedoria em vez de inconscientemente, tanto melhor para eles e para nós.

Porém, o chamado da terra às vezes é forte, e o meu coração responde a partir deste lado do véu.

Carta 53

FÓRMULA PARA A MAESTRIA

Minha amiga, vou deixá-la por algum tempo — talvez por um longo tempo.

Parece-me que minha tarefa imediata com relação à terra acabou. Preciso reduzir mais a minha carga, percorrer as ondas de éter — bem longe, bem longe — e esquecer, na excitação das descobertas, que um dia terei de voltar ao mundo, passando pela enorme dificuldade do nascimento.

Partirei com o Ser Formoso numa viagem de descoberta. Meu companheiro já a fez antes, podendo mostrar-me o caminho que leva a muitos prodígios.

Há tristeza em lhe dizer adeus. Você se lembra da última vez em que me viu no meu velho corpo? Nenhum de nós pensou, naquela tarde, que se encontraria depois num país estrangeiro e em condições tão estranhas que metade do mundo vai duvidar que nos tenhamos encontrado outra vez e a outra metade vai se perguntar se de fato chegamos a nos encontrar alguma vez.

Diga-me, terei sido algum dia mais real para você do que sou esta noite? Enquanto sentava comigo nos dias do passado, alguma vez você soube menos o que eu diria alguns momentos mais tarde do que sabe agora? Vasculhe seu cérebro como quiser, e não poderá dizer o que eu vou falar em seguida. Isso pelo menos vai provar-lhe que sou tão real quanto antes.

Eu quero deixar algumas mensagens. Transmita-as... e transmita-as... e algum dia diga ao meu filho para ter uma vida de coragem e de dignidade. Ele será alvo de atenção. Diga-lhe que, se por vezes sentir a orientação interior, não tenha medo de confiar nela. Diga-lhe para olhar para o interior em busca de luz.

No momento, não tenho muito mais a dizer ao mundo. Mas quero que você publique estas cartas, omitindo apenas os parágrafos muito pessoais.

Sim, posso não vê-la outra vez por muito tempo. Não fique triste. Quando eu me for, talvez outro venha.

Não feche a porta com muita força; mas guarde-a bem e não deixe entrar quem não conhecer os sinais e as senhas. Você não vai ser enganada; eu a treinei para esse fim.

Não posso escrever muito esta noite, pois há tristeza em deixar a terra. Mas sou — ou serei — todo expectativa com relação à viagem vindoura. Pense nisso.

Verei planetas distantes e conhecerei seus habitantes. Encontrarei os "homens de rosto quadrado"? Talvez sim.

Dizem que em Júpiter há uma raça de seres cuja contemplação é maravilhosa. Vê-los-ei. Serão eles maís bondosos do que o nosso Ser Formoso, que ama a pequena terra e em geral mantém-se perto dela, porque há tantas lutas aí?

A alegria da luta! Essa é a chave da imortalidade, a tônica do poder. Que esta seja a minha mensagem final ao mundo. Diga-lhes que tirem proveito de suas lutas, que se entusiasmem com as possibilidades infinitas de combinação e de criação, que vivam o momento enquanto se preparam para o que virá bem depois, e que não exagerem a importância dos fracassos e das desilusões momentâneos.

Quando chegarem aqui e puserem sua vida em perspectiva, eles verão que a maioria das causas de sua ansiedade era trivial e que todas as luzes e sombras eram necessárias ao quadro.

Também tive minhas luzes e sombras, mas não me arrependo de nada. Ao Mestre agradam as dificuldades como ao nadador a resistência da água.

Se eu pudesse fazer vocês perceberem a força que vem de enfrentar a batalha — não só com coragem, como dirão todos os enfadonhos enunciadores de lugares-comuns, mas com alegria. Ora, qualquer atleta saudável sente prazer no desafio.

Lembrem-se de que os seus oponentes não são outros homens, mas condições. Se vocês combaterem os homens, eles também os combaterão; mas, se combaterem as condições, estas, sendo privadas de inteligência, se curvarão a vocês, oferecendo resistência suficiente só para mantê-los em forma.

Nada há mais forte neste universo do que a vontade do homem quando dirigida por uma vigorosa unidade de força. Seja qual for a sua força, aproveite-a ao máximo no desafio da vida.

E não se esqueçam da lei do ritmo — ela está na base de tudo. Confiem no ritmo; ele nunca falhou e jamais falhará. Observem as marés altas do seu próprio ser e fluam com elas; quando a inevitável maré baixa vier, descansem ou meditem. Vocês não podem escapar ao ritmo. Vocês o transcendem ao agir com ele.

Vocês podem até passar por uma reviravolta e se renovar, pois o tempo também tem suas marés; e há muitas no longo ciclo marítimo da vida.

Sinto que deixo de dizer muita coisa. Mas eu os encontrarei outra vez algum dia.

POSFÁCIO

"X" transmitiu sua mensagem de despedida a Elsa Barker no começo de 1913. Por quase dois anos ela não recebeu outras comunicações do seu correspondente astral. Então, em fevereiro de 1915, a senhora Barker "percebeu subitamente que 'X' estava na sala e queria escrever". Assim começou o segundo volume das *Cartas*, que se concentra na Primeira Guerra Mundial vista a partir do "mundo de luz própria".

No segundo volume, publicado em 1915, Elsa Barker escreveu em sua introdução:

> Naquele primeiro livro de "X", não declarei quem era o autor, não me sentindo com liberdade para fazê-lo sem o consentimento de sua família; contudo, no verão de 1914, enquanto eu ainda vivia na Europa, uma longa entrevista com o senhor Bruce Hatch apareceu no *New York Sunday World*. Nela, ele exprimia a convicção de que as "Cartas" eram comunicações genuínas do seu pai, o falecido Juiz David P. Hatch, de Los Angeles, Califórnia.

Quem foi o Juiz Hatch? De acordo com todos os relatos, ele "não foi um homem comum", como a própria senhora Barker o descreveu. Ela escreveu: "Ele se aproximou mais do que qualquer ocidental que conheci daquele domínio do eu e da vida que tem recebido o nome de Condição do Adepto."

Juiz David Patterson Hatch

David Patterson Hatch nasceu em Dresden, no Maine, em 22 de novembro de 1846. Quando tinha 18 anos, e depois de ter passado vários anos doente, sua família decidiu enviá-lo às florestas da parte oeste do Maine para que aprendesse a acampar, caçar e pescar como uma maneira de recuperar o vigor físico. Durante esse período, ele não só recuperou a saúde como desenvolveu um amor muito forte pela natureza que permaneceria com ele por toda a vida.

Devido à insistência de sua mãe, ele renunciou à decisão de ser caçador profissional e entrou no Wesleyan Seminary, no qual se graduou em 1871. Tendo estudado brevemente na Escola de Direito Michigan, em Ann Arbor, passou a praticar o direito em St. Paul, Minnesota, em 1872, tendo sido logo nomeado procurador da cidade. Três anos depois, mudou-se para Santa Bárbara, onde, em 1881, foi eleito juiz da corte superior.

Um associado de longa data e seu eventual sucessor na prática jurídica escreveu um longo panegírico do Juiz Hatch, a quem considerou "um filósofo da alma". Os excertos a seguir foram retirados desse escrito publicado:

> O Juiz Hatch era um advogado que não praticava o direito com o nariz preso entre as capas do livro. Em vez disso, seus olhos se projetavam, para além das páginas, diretamente no rosto da justiça... Era notável seu conhecimento dos princípios da lei...
>
> Durante cerca de sete anos, ele serviu como juiz da corte superior do Condado de Santa Bárbara. Renunciou a esse cargo a

fim de praticar a lei em Los Angeles. Sua clientela era bastante diversificada, indo de alguns dos mais ricos cidadãos do sul da Califórnia àqueles que atendia por caridade, boa parte dos quais é obrigação de todo bom advogado...

De modo geral, ele chegava ao escritório de manhã cedo — às 8 horas ou antes disso. Mas ocupava muito pouco a mente com a rotina ou as regras. Sua máxima favorita era: "Seja o que for, está certo." No início, desconhecendo o grau de profundidade de sua filosofia, fiquei com a idéia de que ele usava essa expressão como o ditado do fatalismo. Mais tarde, porém, vim a entender que ele dizia, com isso, que tudo resulta da lei natural; que o homem, com seu livre-arbítrio, realiza o ato e que Deus, ou a Natureza, predeterminou a lei que é sempre corretamente aplicada a todo ato, de maneira que o resultado correto sempre se produz...

O Juiz Hatch não apresentava ao mundo, aos domingos, nenhum aspecto de caráter ou de conduta que não apresentasse às segundas ou às sextas. Seu comportamento de todos os dias aproximava-se tanto dos limites de sua filosofia que, na minha humilde opinião, ele a ensinava melhor por meio dos atos de sua vida cotidiana do que por qualquer palavra proferida. Ele era o homem menos hipócrita com quem já tive um dia uma relação social. Como não tinha pretensões, também não tinha nenhuma a justificar. Vivia sua filosofia da maneira mais estrita do que qualquer pregador o seu credo. Digo "filosofia" porque, na sua opinião, o credo e a religião não passavam dos níveis inferiores da pirâmide, ao passo que o filósofo via o universo e falava com Deus face a face...

Era tão delicado na expressão verbal como bondoso de coração, mas podia dizer "não" rápida e delicadamente, e dizê-lo de um modo definitivo. Tendo vivido junto a ele por quase dez anos, o autor nunca ouviu de sua boca uma palavra indelicada; e, do mesmo modo, nunca teve alguma a replicar. Parecia um homem sem obstinação. Se lhe mostrassem que estava errado, ele ficava tão feliz com essa descoberta quanto pronto a retificar.

O autor tem a impressão de que seu desenvolvimento filosófico não começou seriamente antes de 1896 ou 1897, quando ele contava cerca de 50 anos de idade. Porém, a partir de então, iniciando com a abstenção do álcool, da ingestão de carne e do fumo, ela tomou gradualmente a forma de submissão do corpo à vontade, intensa meditação filosófica, estudo e trabalho literário...

Por volta de 1899, ele transferiu ao autor seu escritório e sua prática e foi para as montanhas da Colúmbia Britânica, na região do Lago Kootenay. Ali permaneceu por quase cinco anos, levando a vida de um eremita em estreita proximidade com certas minas nas quais estava interessado. Enquanto estava ali, estudou engenharia de minas por correspondência e graduou-se. Porém, acredita-se, seu principal propósito ao levar essa vida hermética era obter uma concepção filosófica mais próxima da Natureza, tanto física como incorpórea; e ali, nas matas da Colúmbia Britânica, passou pelo seu maior desenvolvimento em filosofia espiritual...

Quando voltou da Colúmbia Britânica, o Juiz Hatch retomou a prática do direito, por algum tempo sozinho, e, mais tarde, em parceria com... um companheiro de pesquisas filosóficas.

E veio a morte; e o invólucro que habitou enquanto esteve entre nós foi por nós devolvido ao seu solo nativo. E agora temos suas memórias *post-mortem* a nos lembrar de que o homem esteve satisfeito por tempo demais com a Fé, que é convicção sem prova e que não tem base permanente na qual se apoiar, sendo simplesmente impelida pelo desejo e pelo anseio que, estando além da realização presente, se tornaram Esperança — e a Fé é apenas a Esperança realizada em contemplação.

Assim, para o Juiz Hatch na terra, a Fé não era suficiente. Como advogado, ele buscou a Verdade, cuja base é a prova...

O *Los Angeles Times* publicou o seguinte panegírico do Juiz Hatch pouco depois de sua morte em 21 de fevereiro de 1912:

UM GRANDE HOMEM

O ex-Juiz David Patterson Hatch, que faleceu nesta cidade na terça-feira, era um homem notável em muitos aspectos. Juiz justo e profundo conhecedor de todo o direito e da prática jurídica, era excepcionalmente versado nas filosofias profundas da vida. Nesses estudos, alcançou um saber da lei universal que, embora fosse natural para ele, parecia misticismo aos que não acompanharam seu grande desenvolvimento intelectual. Há muitos anos, ele iniciou, sob o nome hindu de Karishka, a publicação de uma notável série de livros, sendo o mais notável destes o famoso romance *El Reshid.* Trata-se da história de um grande mestre de sabedoria. Suas obras sobre a filosofia dos herméticos e seu livro *Scientific Occultism* foram acolhidos por todos os estudiosos dessa linha de pensamento.

Dentre os livros da série escrita por Hatch com o pseudônimo de Paul Karishka, havia um chamado *The Twentieth Century Christ.* Foi essa obra que reuniu o Juiz Hatch e Elsa Barker.

Elsa Barker nasceu em Leicester, Vermont, em 1869. Foi professora, repórter taquígrafa, colunista de jornal e editora antes de alcançar o reconhecimento como poeta, dramaturga e escritora. Antes de *Letters,* seus livros incluíram *The Son of Mary Bethel, The Frozen Grail and Other Poems, Stories from the New Testament for Children* e *The Book of Love* (poemas), todos publicados entre 1909 e 1912. Sua peça sobre o trabalho, *The Scab,* foi produzida na cidade de Nova York e em Boston em 1904-5.

Elsa Barker

Foi enquanto escrevia *The Son of Mary Bethel*, a história do Cristo renascido num ambiente moderno, que a senhora Barker viu um anúncio do livro *The Twentieth Century Christ*. Percebendo que o livro tinha um tema semelhante ao seu, ela escreveu pedindo informações e, por fim, colocaram-na em contato com o Juiz Hatch. Sua subseqüente amizade durou seis anos no plano terreno e levou a conseqüências ainda mais relevantes após o falecimento dele.

Elsa Barker passou a maior parte da vida em Boston e em Nova York, mas durante três anos — 1910-13 — viveu em Paris e, por um ano depois disso, residiu em Londres. Em 1915, publicou *Songs of a Vagrom Angel*, livro de poemas que ela afirmou ter-lhe vindo do Ser Formoso descrito nas *Cartas*. Nos anos de 1920 e de 1930, escreveu inúmeras obras de ficção e de poesia, bem como artigos para revistas. Elsa Barker faleceu em 21 de agosto de 1954 na cidade de Nova York.

NA PLENITUDE DA ALMA

Joan Borysenko, Ph.D.

"Joan nos leva em uma jornada orientada rumo ao nosso despertar pessoal. Um livro forte, de estilo impressionante. Gostei demais."

Wayne Dyer, autor de *You'll See It When You Believe It*

"Com eloqüência e elegância, *Na Plenitude da Alma* vai mudar você e o seu mundo para sempre."

Deepak Chopra, M.D., autor de *Unconditional Life, Quantum Healing* e *Perfect Healing*

"Nem me lembro mais quando fiquei tão comovido com um livro. As experiências pessoais são profundamente tocantes, as discussões substanciais e informativas, a sabedoria é profunda. Recomendo-o de todo o coração."

Willis Harman, Institute of Noetic Sciences

"Um livro eletrizante sobre cura interior escrito por uma das maiores agentes de cura e uma das mais sábias guias espirituais da atualidade. Um livro que *vem* do coração e *é para* o coração."

Larry Dossey, autor de *Reencontro com a Alma*, publicado pela Editora Cultrix, São Paulo

"Joan Borysenko ilumina apaixonadamente novas trilhas para o nosso desenvolvimento humano ... Ela nos convida a despertar para a verdade de quem somos e para o que viemos fazer e ser aqui. Amo este livro."

Jacquelyn Small, autora de *Awakening in Time* e *Transformers*

EDITORA CULTRIX

REENCONTRO COM A ALMA

Uma Investigação Científica e Espiritual

Larry Dossey, M.D.

Neste seu último livro, sério e instigante, Larry Dossey nos dá uma visão alternativa da consciência humana – uma teoria da mente e do ser, independentes da matéria, do tempo e do espaço. Ilustrado com pensamentos de Lao Tsé e de Jung, de Meister Eckhart e de Rilke, e com textos tão antigos quanto os Upanishades, *Reencontro com a alma* entrelaça o conhecimento do Ocidente com o do Oriente, numa rica tapeçaria de grande profundidade intelectual e força espiritual. Trata-se, sem dúvida, de uma investigação profunda da ligação entre misticismo e cura, entre religião e física, que nos ajuda a entender a nossa realidade interior – um livro que, triunfante, afirma a nossa inter-relação com o Universo.

Sendo médico, o autor já presenciou em seus pacientes curas miraculosas que não podem ser explicadas pela ciência convencional. As idéias de eminentes cientistas como Schrödinger, Margenau, Einstein, Gödel, David Bohm e Sheldrake são combinadas à sabedoria tradicional de visionários e místicos para apresentar evidências convincentes de uma concepção não-localizada e holística da mente e da realidade. Em resumo, Larry Dossey nos fornece neste livro novas provas da existência da alma.

Larry Dossey é especialista em medicina psicossomática na Dallas Diagnostic Association e ex-chefe de equipe da Medical City Dallas Hospital. Também já dirigiu o Isthmus Institute em Dallas, uma organização que investiga a convergência entre ciência e religião. Tem dois livros já publicados — *Space, Time & Medicine* e *Beyond Illness*.

EDITORA CULTRIX

UMA LIÇÃO DE VIDA

Meir Schneider

A história de Meir Schneider, que ele mesmo se encarrega de narrar neste livro, é realmente extraordinária. Depois de declarado legalmente cego aos sete anos de idade, ele não só conseguiu, anos depois, por meio de exercícios para os olhos e de terapia motora, ler sem o auxílio de óculos, como começou a trabalhar com outras pessoas portadoras de deficiência física, chamando a atenção para o seu trabalho e para a sua arte de curar.

Fundador do *Center of Conscious Vision,* de San Francisco, Califórnia, e do *Center for Self-Healing,* Schneider realiza hoje uma obra conhecida por todos os que se dedicam à medicina holística. Sua abordagem única para o tratamento da saúde — baseada no fortalecimento do indivíduo — é uma mensagem de inspiração e de esperança, bem como um guia prático para que todos se dediquem a algum tipo de exercício, com base na certeza de que, apenas com nossos recursos físicos, mentais e espirituais, podemos transformar as piores circunstâncias em oportunidade para uma saúde total. Segundo Meir Schneider, o poder de curar-se a si mesmo é inerente e acessível a todas as pessoas.

* * *

"Da maneira mais ingênua e calorosa, o dr. Meir Schneider nos relata suas experiências ao lidar com sua própria desvantagem física e as de incontáveis outras pessoas. Tal como na homeopatia, na acupuntura e em outras formas de cura holística, sua obra se fundamenta na aplicação de estímulos apropriados aos poderes naturais de cura do corpo. Ele nos ensina como podemos melhorar nossa saúde, recobrando-nos até mesmo das devastações causadas por doenças degenerativas e dos chamados males incuráveis. Trata-se de um livro que vale a pena ler, repleto de pensamentos que devem ser acalentados no coração."

LEO BAKKER, MD

"A história de Meir Schneider tem implicações para todos os que querem empreender uma jornada rumo à cura. Sua abordagem do exercício corporal é a melhor que já vi. Há uma década a coragem e imaginação de Meir têm sido uma inspiração para o meu trabalho."

RAY GOTTLIEB, OD, PHD

EDITORA CULTRIX

Outras obras de interesse:

ATRAVÉS DOS PORTAIS DA MORTE
Dion Fortune

REFLEXÕES SOBRE O OUTRO LADO DA VIDA - Uma visão instigante da vida após a morte
Mary T. Browne

VENCENDO A MORTE E A OBSESSÃO
Richard Simonetti

VIDA/TRANSIÇÃO/VIDA - Explorações Científicas no Tempo de Transição entre uma Encarnação e Outra
Joel L. Whitton e *Joe Fischer*

PSICORREGRESSÃO - Um Novo Sistema de Cura e Desenvolvimento Pessoal
Dra. Francesca Rossetti

A REGRESSÃO A VIDAS PASSADAS COMO MÉTODO DE CURA - A Comprovação Experimental da Teoria da Reencarnação
Thorwald Dethlefsen

A VIDA DEPOIS DA MORTE
Yogue Ramacháraca

ELES CONHECERAM O DESCONHECIDO
Martin Ebon

A MORTE: UM AMANHECER
Elisabeth Kübler-Ross

O QUE HÁ ALÉM DA MORTE
C. W. Leadbeater

OS CÁTAROS E A REENCARNAÇÃO
Arthur Guirdham

AS CARTAS FÊNIX - Um novo método para você descobrir os aspectos positivos de suas vidas passadas
Susan Sheppard

ENTENDENDO A MORTE
Howard Murphet

HISTÓRIAS DE REENCARNAÇÃO
Rosemary E. Guiley

AS VÁRIAS VIDAS DA ALMA - Um Psicoterapeuta Junguiano Descobre as Vidas Passadas
Roger J. Woolger

INVESTIGANDO VIDAS PASSADAS
Raymond A. Moody Jr. e *Paul Perry*